呂后本紀第九　史記九

索隱曰呂太后本以女主臨朝自孝惠崩後立少帝而始稱制正合附惠紀而論之不然或別爲呂后本紀豈得全沒孝惠而獨稱呂后本紀合依班氏分爲二紀焉

呂太后者徐廣曰呂后父呂公漢元年爲臨泗侯四年卒高后元年追謚曰呂宣王高祖微時妃也漢書音義曰諱雉○索隱曰字娥姁也生孝惠帝漢書音義曰諱盈女魯元太后及高祖爲漢王得定陶戚姬如淳曰姬音怡衆妾之總稱也漢官曰姬妾數百蘇林曰清河國有妃里而題門作姬瓚曰漢秩祿令及茂陵書姬內官也秩比二千石位次倢伃下在七子八子之上○索隱曰如淳音怡非也茂陵書云姬是內官是矣然官號及婦人通稱姬者姬周之姓所以左傳稱伯姬叔姬以言天子之宗女貴於他姓故遂以姬爲婦人美號故詩曰雖有姬姜不弃顦悴是也愛幸生趙隱王如意孝惠爲人仁弱高祖以爲不類

我常欲廢太子立戚姬子如意如意類我戚姬幸常從上之關東日夜啼泣欲立其子代太子呂后年長常留守希見上益疏如意立爲趙王後幾代太子者數矣索隱曰幾音其紀反又音祈賴大臣爭之及留侯策索隱曰謂張良叔孫通等令太子卑詞安車以迎四皓也太子得毋廢呂后爲人剛毅佐高祖定天下所誅大臣多呂后力呂后兄二人皆爲將長兄周呂侯徐廣曰名澤高祖八年卒謚令武侯追謚曰悼武王死事封其子呂台爲酈侯徐廣曰酈一作鄜○索隱曰鄭鄜台並音怡蘇林音胎子產爲交侯徐廣曰台弟也次兄呂釋之爲建成侯徐廣曰惠帝二年卒謚康王高祖十二年四月甲辰

崩長樂宮太子襲號爲帝是時高祖八子長男肥孝惠兄也異母（索隱曰母曰曹姬）肥爲齊王餘皆孝惠弟戚姬子如意爲趙王薄夫人子恒爲代王諸姬子子恢爲梁王子友爲淮陽王子長爲淮南王子建爲燕王高祖弟交爲楚王兄子濞爲吳王非劉氏功臣番君吳芮子臣爲長沙王呂后最怨戚夫人及其子趙王迺令永巷（如淳曰列女傳曰周宣姜后脫簪珥待罪永巷後改爲掖庭○索隱曰永巷別宮名有長巷故名之也韋昭云以爲在掖門內故謂之掖庭也）囚戚夫人而召趙王使者三反趙相建平侯周昌謂使者曰高帝屬臣趙王趙王年少竊聞太后

怨戚夫人欲召趙王并誅之臣不敢遣王王且亦病不能奉詔呂后大怒迺使人召趙相趙相徵至長安迺使人復召趙王王來未到孝惠帝慈仁知太后怒自迎趙王霸上與入宮自挾與趙王起居飲食太后欲殺之不得間孝惠元年十二月帝晨出射趙王少不能蚤起太后聞其獨居使人持酖飲之（應劭曰酖鳥食蝮以其羽畫酒中飲之立死）犂明孝惠還（徐廣曰犂猶比也諸言犂明者將明之時）趙王已死於是迺徙淮陽王友爲趙王夏詔賜酈侯父追謚爲令武侯（索隱曰令音鈴）太后遂斷戚夫人手足去眼煇耳飲瘖藥

使居廁中命曰人彘居數日迺召孝惠帝觀人
彘孝惠見問迺知其戚夫人迺大哭因病歲餘
不能起使人請太后曰此非人所爲臣爲太后
子終不能治天下孝惠以此日飲爲淫樂不聽
政故有病也二年楚元王齊悼惠王皆來朝十
月孝惠與齊王燕飲太后前孝惠以爲齊王兄
置上坐如家人之禮太后怒迺酌兩卮酖置前
令齊王起爲壽齊王起孝惠亦起取卮欲俱爲
壽太后迺恐自起泛孝惠卮索隱曰泛音捧泛也齊王怪之
因不敢飲詳醉去問知其酖齊王恐自以爲不
得脫長安憂齊內史士徐廣曰一作出說王曰太后獨有
孝惠與魯元公主如淳曰公羊傳曰天子嫁女於諸侯必使諸侯同姓者主之故謂之公主百官表列侯所食曰國皇后公主所食曰邑諸侯王女曰公主蘇林曰公五等尊爵也春秋聽臣子以稱君父婦人稱主有主孟啗我之比故云公主瓚曰天子之女雖食湯沐之邑不君其民○索隱曰啗音徒濫反按主是謂里克妻即優施之語事見國語孟者且也言且啗我物我教汝婦事夫之道此即婦人稱主之意耳比音必二反今王有
七十餘城而公主迺食數城王誠以一郡上太
后爲公主湯沐邑太后必喜王必無憂於是齊
王迺上城陽之郡尊公主爲王太后如淳曰張敖子偃爲魯王故公主得爲太后
呂后喜許之迺置酒齊邸正義曰漢法諸侯各起邸第於京師也
樂飲罷歸齊王三年方築長安城四年就

半五年六年城就索隱曰漢宮闕疏四年築東面五年築北面漢舊儀城方六十三里經緯各十二里三輔舊事云城形似北斗也諸侯來會十月朝賀七年秋八月戊寅孝惠帝崩皇甫謐曰帝以秦始皇三十七年生崩時年二十三發喪太后哭泣不下留侯子張辟彊爲侍中應劭曰入侍天子故曰侍中年十五謂丞相曰太后獨有孝惠今崩哭不悲君知其解乎正義曰解紀賣反言哭解擅有所思也又音戶賣反解節解也又紀買反謂解說也丞相曰何解辟彊曰帝毋壯子正義曰毋音無太后畏君等君今請拜呂台呂產呂祿爲將將兵居南北軍及諸呂皆入宮居中用事如此則太后心安君等幸得脫禍矣丞相廼如辟彊計太后說其哭廼哀呂氏權由此起廼大赦天下九月辛丑葬漢書云葬安陵皇覽曰山高三十二丈廣袤百二十步居地六十畝皇甫謐曰去長陵十里去長安北三十五里太子即位爲帝謁高廟元年號令一出太后太后稱制議欲立諸呂爲王問右丞相王陵王陵曰高帝刑白馬盟曰非劉氏而王天下共擊之今王呂氏非約也太后不說問左丞相陳平絳侯周勃勃等對曰高帝定天下王子弟今太后稱制王昆弟諸呂無所不可太后喜罷朝王陵讓陳平絳侯曰始與高帝啑血盟索隱曰啑鄒音使接反又云或作喢又音丁牒反諸君不在邪今高帝崩太后女主

欲王呂氏諸君縱欲阿意背約何面目見高帝
地下陳平絳侯曰於今面折廷爭臣不如君夫
全社稷定劉氏之後君亦不如臣王陵無以應
之十一月太后欲廢王陵乃拜爲帝太傅應劭曰古官傅者覆也瓚曰大戴禮曰傅之德義奪之相權王陵遂病免歸迺以
左丞相平爲右丞相以辟陽侯審食其爲左丞
相索隱曰韋昭云辟陽信都之縣名左丞相不治事令監宮中如郎
中令食其故得幸太后常用事公卿皆因而決
事迺追尊酈侯父爲悼武王欲以王諸呂爲漸
四月太后欲侯諸呂迺先封高祖之功臣郎中

令無擇徐廣曰姓馮爲博城侯正義曰括地志云兖州博城本漢博城縣城魯
元公主薨賜謚爲魯元太后子偃爲魯王魯王
父宣平侯張敖也封齊悼惠王子章爲朱虛侯
索隱曰虛音墟琅邪縣也○正義曰括地志云朱虛故城在青州臨朐縣東六十里漢朱虛也十三州志云丹朱遊故虛故云朱虛也虛猶丘也朱猶丹也以呂祿女妻之齊丞相壽爲平
定侯徐廣曰姓齊少府延爲梧侯徐廣曰姓陽成也延以軍匠起作宮築城也
乃封呂種爲沛侯徐廣曰呂釋之之子也○正義曰括地志云徐州沛縣古城也呂平
爲扶柳侯徐廣曰呂后姊子也母字長姁○正義曰括地志云扶柳故城在冀州信都縣西三十里漢扶柳縣也有澤澤中多柳故曰扶柳張買爲南宮侯徐廣曰其父越人爲高祖騎將太
后欲王呂氏先立孝惠後宮子彊爲淮陽王韋昭

曰今陳留郡子不疑爲常山王正義曰括地志云常山故城在恒州眞定縣南八里本漢東垣邑也子山爲襄成侯索隱曰按下文更名義又改名弘農漢書襄成侯唯云名弘蓋史省文耳按志襄城屬潁川子朝爲軹侯索隱曰韋昭云河内有軹縣音紙。正義曰括地志云故軹城在懷州終原縣東南十三里七國時魏邑子武爲壺關侯。太后風大臣，大臣請立酈侯呂台爲呂王，正義曰初呂台爲呂王後呂產王梁更名梁曰呂太后許之。建成康侯釋之卒，嗣子有罪，廢，立其弟呂祿徐廣曰釋之少子爲胡陵侯，正義曰縣名屬山陽章帝改曰胡陸續康侯後。二年，常山王薨，以其弟襄成侯山爲常山王，更名義。十一月，呂王台薨，謚爲肅王，太子嘉代立爲王。三年，無事。漢書云秋星晝見四年，封呂嬃爲

臨光侯，呂他爲俞侯，索隱曰他音駝俞音輸。正義曰括地志云故鄃城在德州平原縣西南三十里本漢鄃縣呂他邑也呂更始爲贅其侯，徐廣曰表云呂后弟子淮陽丞相呂勝爲贅其侯。索隱曰按表贅其在臨淮呂忿爲呂成侯，正義曰括地志云故呂城在鄧州南陽縣西三十里呂尚先祖封及諸侯丞相五人。徐廣曰中邑侯朱通山都侯王恬開松茲侯徐厲滕侯呂更始醴陵侯越

宣平侯女爲孝惠皇后時，無子，詳爲有身，取美人子名之，正義曰劉伯莊云諸美人元幸呂氏懷身而入宮生子殺其母，立所名子爲太子。孝惠崩，太子立爲帝。帝壯，或聞其母死，非眞皇后子，迺出言曰：「后安能殺吾母而名我？我未壯，壯即爲變。」太后聞而患之，恐其爲亂，迺幽之永巷中，言帝病甚，左

右莫得見太后曰凡有天下治爲萬民命徐廣曰一無此字者蓋之如天容之如地上有懽心以安百姓百姓欣然以事其上懽欣交通而天下治今皇帝病久不已迺失惑惛亂不能繼嗣奉宗廟祭祀不可屬天下其代之羣臣皆頓首言皇太后爲天下齊民計所以安宗廟社稷甚深羣臣頓首奉詔帝廢位太后幽殺之五月丙辰立常山王義爲帝更名曰弘不稱元年者以太后稱天下事也以軹侯朝爲常山王置太尉官絳侯勃爲太尉五年八月淮陽王薨以弟壺關侯武

爲淮陽王六年十月太后曰呂王嘉居處驕恣廢之以肅王台弟呂産爲呂王夏赦天下封齊悼惠王子興居爲東牟侯索隱曰韋昭云東萊縣七年正月太后召趙王友友以諸呂女爲后弗愛愛他姬諸呂女妬怒去讒之於太后誣以罪過曰呂氏安得王太后百歲後吾必擊之太后怒以故召趙王趙王至置邸不見令衛圍守之弗與食其羣臣或竊饋輙捕論之趙王餓乃歌曰諸呂用事兮劉氏危迫脅王侯兮彊授我妃我妃既妬兮誣我以惡讒女亂國兮上曾不寤我無忠臣

兮何故弃國自決中野兮蒼天舉直（徐廣曰舉一作與）于嗟不可悔兮寧蚤自財爲王而餓死兮誰者憐之呂氏絕理兮託天報仇丁丑趙王幽死以民禮葬之長安民冢次己丑日食晝晦太后惡之心不樂乃謂左右曰此爲我也二月徙梁王恢爲趙王呂王產徙爲梁王梁王不之國爲帝太傅立皇子平昌侯太爲呂王更名梁曰呂呂曰濟川太后女弟呂嬃（索隱曰韋昭云樊噲妻封林光侯）有女爲營陵侯劉澤妻澤爲大將軍太后王諸呂恐即崩後劉將軍爲害迺以劉澤爲琅邪王以慰其心梁

王恢之徙王趙心懷不樂太后以呂產女爲趙王后王后從官皆諸呂擅權微伺趙王趙王不得自恣王有所愛姬王后使人酖殺之王乃爲歌詩四章令樂人歌之王悲六月即自殺太后聞之以爲王用婦人弃宗廟禮廢其嗣宣平侯張敖卒以子偃爲魯王敖賜謚爲魯元王秋太后使使告代王欲徙王趙代王謝願守代邊太傅產丞相平等言武信侯呂祿（徐廣曰呂后兄子也前封胡陵侯蓋號曰武信）上侯位次第一（如淳曰功大者位在上功臣侯表有第一第二之次也）請立爲趙王太后許之追尊祿父康侯爲趙昭王九月

燕靈王建薨，有美人子，太后使人殺之，無後，國除。八年十月，立呂肅王子東平侯呂通爲燕王，封通弟呂莊爲東平侯。三月中，呂后祓還，正義曰祓芳弗反又音廢後同過軹道，見物如蒼犬，據徐廣曰據音戟高后掖，忽弗復見。卜之，云趙王如意爲祟。高后遂病掖傷。高后爲外孫魯元王偃年少，蚤失父母，孤弱，迺封張敖前姬兩子，侈爲新都侯，壽爲樂昌侯，徐廣曰今細陽之池陽鄉以輔魯元王偃。及封中大謁者張釋爲建陵侯，徐廣曰一云張釋卿駰案如淳曰百官表謁者掌賓贊受事灌嬰爲中謁者後常以奄人爲之諸官加中者多奄人也呂榮爲祝茲侯。徐廣曰呂后昆弟子諸中宦者令丞皆

爲關內侯，食邑五百戶。如淳曰列侯出關就國關內侯但爵其身有加異者與關內之邑食其租稅也風俗通義曰秦時六國未平將帥皆家關中稱關內侯七月中，高后病甚，迺令趙王呂祿爲上將軍，軍北軍；呂王產居南軍。呂太后誡產、祿曰：「高帝已定天下，與大臣約，曰『非劉氏王者，天下共擊之』。今呂氏王，大臣弗平。我即崩，帝年少，大臣恐爲變。必據兵衛宮，慎毋送喪，毋爲人所制。」辛巳，高后崩，遺詔賜諸侯王各千金，蔡邕曰皇子封爲王者其實古諸侯也加號稱王故謂之諸侯王王子封爲侯者謂之諸侯將相列侯郎吏皆以秩賜金。大赦天下。以呂王產爲相國，以呂祿女爲帝后。高后已葬，皇甫謐曰

合葬長陵皇覽曰高帝呂后山各一所也以左丞相審食其為帝太傅朱虛侯劉章有氣力東牟侯興居其弟也皆齊哀王弟居長安當是時諸呂用事擅權欲為亂畏高帝故大臣絳灌等未敢發朱虛侯婦呂祿女陰知其謀恐見誅迺陰令人告其兄齊王欲令發兵西誅諸呂而立朱虛侯欲從中與大臣為應齊王欲發兵其相弗聽八月丙午齊王欲使人誅相相召平迺反舉兵欲圍王王因殺其相遂發兵東詐奪琅邪王兵并將之而西語在齊王語中齊王迺遺諸侯王書曰高帝平定天下

王諸子弟悼惠王王齊悼惠王薨孝惠帝使留侯良立臣為齊王孝惠崩高后用事春秋高聽諸呂擅廢帝更立又比殺三趙王索隱曰比音如字比猶頻也趙隱王如意趙幽王友趙王恢是三趙王也滅梁趙燕以王諸呂分齊為四忠臣進諫上惑亂弗聽今高后崩而帝春秋富未能治天下固恃大臣諸侯而諸呂又擅自尊官聚兵嚴威劫列侯忠臣矯制以令天下宗廟所以危寡人率兵入誅不當為王者漢聞之相國呂產等迺遣潁陰侯灌嬰將兵擊之灌嬰至滎陽迺謀曰諸呂權兵關中欲危劉氏而自立

今我破齊還報此益呂氏之資也迺留屯滎陽使使諭齊王及諸侯與連和以待呂氏變共誅之齊王聞之迺還兵西界待約呂祿呂產欲發亂關中內憚絳侯朱虛等外畏齊楚兵又恐灌嬰畔之欲待灌嬰兵與齊合而發猶豫未決索隱曰猶鄒音以獸反與音預又作豫崔浩云猶猨類也卬鼻長尾性多疑又說文云猶獸名多疑故比之也按狐性亦多疑度水而聽水聲故云狐疑也今解者又引老子與猶兮冬涉川猶兮若畏四隣故以爲猶與且按狐聽水而此云猶兮冬涉川則猶與是狐類不疑若畏四隣則猶定是獸自不保同類故云畏四隣也當是時濟川王太淮陽王武常山王朝名爲少帝弟及魯元王呂后外孫皆年少未之國居長安趙王祿梁王產各將兵居南北軍皆呂氏之人列侯羣臣莫自堅其命太尉絳侯勃不得入軍中主兵曲周侯酈商老病其子寄與呂祿善絳侯迺與丞相陳平謀使人劫酈商令其子寄往紿說呂祿曰高帝與呂后共定天下劉氏所立九王索隱曰吳楚齊淮南琅邪代常山王朝淮陽王武濟川王太是九王也呂氏所立三王索隱曰梁王產趙王祿趙王通也皆大臣之議事已布告諸侯諸侯皆以爲宜今太后崩帝少而足下佩趙王印不急之國守藩迺爲上將將兵留此爲大臣諸侯所疑足下何不歸將印以兵屬太尉請梁王歸相國印與大

臣盟而之國齊兵必罷大臣得安足下高枕而
王千里此萬世之利也呂祿信然其計欲歸將
印以兵屬太尉使人報呂產及諸呂老人或以
爲便或曰不便計猶豫未有所決呂祿信酈寄
時與出游獵過其姑呂嬃嬃大怒曰若爲將而
弃軍呂氏今無處矣索隱曰顏師古以爲言見誅滅無處所也迺悉出珠
玉寶器散堂下曰毋爲他人守也左丞相食其
免八月庚申旦平陽侯窋行御史大夫事見相
國產計事郎中令賈壽使從齊來因數產曰王
不蚤之國今雖欲行尚可得邪具以灌嬰與齊

楚合從欲誅諸呂告產迺趣產急入宮平陽侯
頗聞其語迺馳告丞相太尉太尉欲入北軍不
得入襄平侯通徐廣曰姓紀尚符節張晏曰紀信子也尚主也今符節令○索
隱曰張晏云紀信子又晉灼云信被焚死不見有後按功臣表襄平侯紀通父成以將軍定三秦死事子侯則通非信子
張說謬誤迺令持節矯內太尉北軍太尉復令酈寄
與典客劉揭漢書百官表曰典客秦官也掌諸侯歸義蠻夷先說呂祿曰帝
使太尉守北軍欲足下之國急歸將印辭去不
然禍且起呂祿以爲酈兄徐廣曰音況字也名寄不欺已遂
解印屬典客而以兵授太尉太尉將之入軍門
行令軍中曰爲呂氏右襢爲劉氏左襢軍中皆

左襢爲劉氏太尉行至將軍呂祿亦已解上將印去太尉遂將北軍然尚有南軍平陽侯聞之以呂產謀告丞相平丞相平迺召朱虛侯佐太尉太尉令朱虛侯監軍門令平陽侯告衛尉毋入相國產殿門呂產不知呂祿已去北軍迺入未央宮欲爲亂殿門弗得入徘徊往來平陽侯恐弗勝馳語太尉太尉尚恐不勝諸呂未敢訟言誅之徐廣曰訟一作公駰案韋昭曰訟猶公也○索隱曰韋昭以訟爲公徐廣亦云然蓋公爲得之公言猶明言也又解者云訟誦說也迺遣朱虛侯謂曰急入宮衛帝朱虛侯請卒太尉予卒千餘人入未央宮門遂見

產廷中日餔時遂擊產產走天風大起以故其從官亂莫敢鬭逐產殺之郎中府吏廁中如淳曰百官表郎中令掌宮殿門戶故其府在宮中後轉爲光祿勳也朱虛侯已殺產帝命謁者持節勞朱虛侯朱虛侯欲奪節信謁者不肯朱虛侯則從與載因節信馳走斬長樂衛尉呂更始還馳入北軍報太尉太尉起拜賀朱虛侯曰所患獨呂產今已誅天下定矣遂遣人分部悉捕諸呂男女無少長皆斬之辛酉捕斬呂祿而笞殺呂須使人誅燕王呂通而廢魯王偃壬戌以帝太傅食其復爲左丞相戊辰徙濟川王

王梁立趙幽王子遂爲趙王遣朱虛侯章以誅諸呂氏事告齊王令罷兵灌嬰兵亦罷滎陽而歸諸大臣相與陰謀曰少帝及梁淮陽常山王皆非眞孝惠子也呂后以計詐名他人子殺其母養後宮令孝惠子之立以爲後及諸王以彊呂氏今皆已夷滅諸呂而置所立即長用事吾屬無類矣不如視諸王最賢者立之或言齊悼惠王高帝長子今其適子爲齊王推本言之高帝適長孫可立也大臣皆曰呂氏以外家惡而幾危宗廟亂功臣今齊王母家駟駟鈞惡人也

即立齊王則復爲呂氏欲立淮南王以爲少母家又惡迺曰代王方今高帝見子最長仁孝寬厚太后家薄氏謹良且立長故順以仁孝聞於天下便迺相與共陰使人召代王代王使人辭謝再反然後乘六乘傳張晏曰備漢朝有變欲馳還也或曰傳車六乘後九月文穎曰即閏九月也時律曆廢不知閏謂之後九月也以十月爲歲首至九月則歲終後九月則閏月晦日己酉至長安舍代邸大臣皆往謁奉天子璽上代王共尊立爲天子代王數讓羣臣固請然後聽東牟侯興居曰誅呂氏吾無功請得除宮迺與太僕汝陰侯滕公入宮前謂少帝曰足下非

劉氏不當立乃顧麾左右執戟者掊兵罷去徐廣曰掊音仆有數人不肯去兵宦者令張澤諭告亦去兵滕公迺召乘輿車載少帝出蔡邕曰律曰敢盜乘輿服御物天子至尊不敢渫瀆言之故託於乘輿也乘猶載也輿猶車也天子以天下爲家不以京師宮室爲常處則當乘車輿以行天下故羣臣託乘輿以言之也故或謂之車駕少帝曰欲將我安之乎滕公曰出就舍少府迺奉天子法駕蔡邕曰天子有大駕小駕法駕上乘金根車駕六馬有五時副車駕四馬侍中參乘屬車三十六乘迎代王於邸報曰宮謹除代王即夕入未央宮有謁者十人持戟衛端門曰天子在也足下何爲者而入代王迺謂太尉太尉往諭謁者十人皆掊兵而去代王遂入而聽政夜有司分部誅滅梁淮陽常山王及少帝於邸代王立爲天子二十三年崩謚爲孝文皇帝

太史公曰孝惠皇帝高后之時黎民得離戰國之苦君臣俱欲休息乎無爲故惠帝垂拱高后女主稱制政不出房戶天下晏然刑罰罕用罪人是希民務稼穡衣食滋殖

索隱述贊曰

高祖猶微　呂氏作妃　及正軒掖

尚私食其　志懷安忍　性挾猜疑

置鴆齊悼　殘彘戚姬　孝惠崩殞
其哭不悲　諸呂用事　天下示私
大臣葅醢　支孽芟夷　禍盈斯驗
蒼狗爲菑

史肆阡伍伯單捌字
注貳阡壹伯伍拾肆字

呂后本紀第九　史記九

孝文本紀第十　　史記十

孝文皇帝〔漢書音義曰諱恒〕高祖中子也高祖十一年春已破陳豨軍定代地立爲代王都中都〔正義曰括地志云中都故城在汾州平遥縣西南十二里秦屬太原郡也〕太后薄氏子即位十七年高后八年七月高后崩九月諸呂呂產等欲爲亂以危劉氏大臣共誅之謀召立代王事在呂后語中丞相陳平太尉周勃等使人迎代王代王問左右郎中令張武等張武等議曰漢大臣皆故高帝時大將習兵多謀詐此其屬意非止此也特畏高帝呂太后威耳今已誅諸呂新啑

血京師〔公羊傳曰京大師衆也天子之居必以衆大之辭言也○索隱曰漢書啑作喋音跕丁牒反漢書陳湯杜業皆言喋血無盟歃事廣雅云喋履也謂履涉之〕此以迎大王爲名實不可信願大王稱疾毋往以觀其變中尉宋昌進曰〔索隱曰東觀漢記宋楊傳宋義後有宋昌又會稽典錄昌宋義孫也〕羣臣之議皆非也夫秦失其政諸侯豪桀並起人人自以爲得之者以萬數然卒踐天子之位者劉氏也天下絕望一矣高帝封王子弟地犬牙相制〔索隱曰言封子弟境土交接若犬之牙不正相當而相銜入也〕此所謂盤石之宗也〔索隱曰言其固如盤石此語見太公六韜〕天下服其彊二矣漢興除秦苛政約法令施德惠人人自安難動搖三矣夫以呂太后之

嚴立諸呂爲三王擅權專制然而太尉以一節入北軍索隱曰即紀通所矯帝之節一呼士皆左袒爲劉氏叛諸呂卒以滅之此乃天授非人力也今大臣雖欲爲變百姓弗爲使其黨寧能專一邪方今內有朱虛東牟之親外畏吳楚淮南琅邪齊代之彊方今高帝子獨淮南王與大王大王又長賢聖仁孝聞於天下故大臣因天下之心而欲迎立大王大王勿疑也代王報太后計之猶與未定卜之龜卦兆得大橫應劭曰以荊灼龜文正橫占曰大橫庚庚余爲天王夏啓以光服虔曰庚橫貌也李奇曰庚其繇文也張晏曰橫行無思

不服庚更也言去諸侯而即帝位也先是五帝官天下老則禪賢王啓始傳父爵乃能光治先君之基業文帝亦襲父迹言似夏啓者也○索隱曰荀悅云大橫龜兆橫理也按庚猶更言以諸侯更帝位也繇抽也所以抽出吉凶之情也杜預云繇兆辭也音胄漢書音義云五帝官天下三王家天下官以傳賢人家以傳子孫官猶公也謂不私也代王曰寡人固已爲王矣又何王卜人曰所謂天王者乃天子於是代王乃遣太后弟薄昭往見絳侯絳侯等具爲昭言所以迎立王意薄昭還報曰信矣毋可疑者代王乃笑謂宋昌曰果如公言乃命宋昌參乘張武等六人乘傳詣長安至高陵休止正義曰括地志云高陵故城在雍州高陵縣西南一里本名橫橋架渭水上三輔舊事云秦於渭南有興宮渭北有咸陽宮秦昭王欲通二宮之間造橫橋長橋三百八十步橋北京石水中舊有留神象此神曾與魯班

語班令其出留曰我負醜鄉善圖物容不出班於是拱手與語曰出頭見我留乃出首班以脚畫地忖留覺之便没水故
置其象於水上唯有賢以上魏太祖馬見而驚命移下之而使宋昌先馳之長安
觀變昌至渭橋蘇林曰在長安北三里。索隱曰三輔故事咸陽宮在渭北興樂宮在渭南秦
昭王通兩宮之間作渭橋長三百八十步又關中記云石柱以北屬扶風石柱以南屬京兆也丞相以下
皆迎宋昌還報代王馳至渭橋羣臣拜謁稱臣
代王下車拜太尉勃進曰願請間言索隱曰包愷音閑言欲向
空間處語顏師古云間容也猶言中間請容暇之頃當有所陳不欲即公論也宋昌曰所言公
公言之所言私王者不受私太尉乃跪上天子
璽符代王謝曰至代邸而議之索隱曰說文云邸屬國舍遂馳
入代邸羣臣從至丞相陳平太尉周勃大將軍

陳武御史大夫張蒼宗正劉郢漢書百官表曰宗正秦官應劭曰周
成王時彤伯入爲宗正朱虛侯劉章東牟侯劉興居典客劉
揭皆再拜言曰子弘等皆非孝惠帝子不當奉
宗廟臣謹請與陰安侯蘇林曰高帝兄伯妻羹頡侯終母丘嫂也列侯
頃王后徐廣曰代頃王劉仲之妻駰案蘇林曰仲子濞爲吳王故追謚爲頃王也如淳曰頃王后封陰安侯
時呂須爲林光侯蕭何夫人亦爲酇侯又宗室表此時無陰安知其爲頃王后也。索隱曰按蘇林徐廣韋昭以爲一人
封號而樂彥如淳以頃王后別封陰安侯與漢祠令相會今以陰安是別人封爵非也頃王后是代頃王后文帝之伯母
代王降爲郃陽侯故云列侯頃王后韋昭曰陰安屬魏郡也與琅邪王宗室大臣列
侯吏二千石議曰大王高帝長子宜爲高帝嗣
願大王即天子位代王曰奉高帝宗廟重事也

寡人不佞不足以稱宗廟願請楚王計宜者蘇林
曰楚王名交高帝弟。索隱曰交高帝弟最尊言更請楚王計宜者故下云皆為宜也 寡人不敢當
羣臣皆伏固請代王西鄉讓者三南鄉讓者再如淳曰讓羣臣也或曰賓主位東西面君臣位南北面故西鄉坐三讓不受羣臣猶稱宜乃更迴坐示變即君位之漸也
丞相平等皆曰臣伏計之大王奉高帝宗廟最
宜稱雖天下諸侯萬民以為宜臣等為宗廟社
稷計不敢忽願大王幸聽臣等臣謹奉天子璽
符再拜上代王曰宗室將相王列侯以為莫宜
寡人寡人不敢辭遂即天子位羣臣以禮次侍
乃使太僕嬰與東牟侯興居清宮應劭曰舊典天子行幸所至必

遣靜宮令先案行清靜殿中以虞非常。索隱曰按漢儀云皇帝起居索室清宮而後行 奉天子法駕
迎于代邸索隱曰漢官儀云天子鹵簿有大駕法駕小駕大駕公卿奉引大將軍參乘屬車八十一乘法駕公卿不在鹵簿中惟京兆尹執金吾長安令奉引侍中參乘屬車三十六乘 皇帝即日夕入
未央宮乃夜拜宋昌為衛將軍鎮撫南北軍以
張武為郎中令行殿中還坐前殿於是夜下詔
書曰間者諸呂用事擅權謀為大逆欲以危劉
氏宗廟賴將相列侯宗室大臣誅之皆伏其辜
朕初即位其赦天下賜民爵一級女子百戶牛
酒蘇林曰男賜爵女子賜牛酒。索隱曰按封禪書云百戶牛一頭酒十石樂彥云婦人無夫或無子不霑爵故賜之
酺五日文穎曰漢律三人已上無故羣飲罰金四兩今詔橫賜得令會聚飲食五日。索隱曰說文云酺王

（者布德大飲酒也出錢爲醵出食爲酺又按趙武靈王滅中山酺五日是其所起遠也）

孝文皇帝元年十月庚戌徙立故琅邪王澤爲燕王辛亥皇帝即阼（正義曰王人階也）謁高廟右丞相平（正義曰此時尚右）徙爲左丞相太尉勃爲右丞相大將軍灌嬰爲太尉諸呂所奪齊楚故地皆復與之壬子遣車騎將軍薄昭迎皇太后于代皇帝曰呂產自置爲相國呂祿爲上將軍擅矯遣灌將軍嬰將兵擊齊欲代劉氏嬰留滎陽弗擊與諸侯合謀以誅呂氏呂產欲爲不善丞相陳平與太尉周勃謀奪呂產等軍朱虛侯劉章首先捕呂產等太尉身率襄平侯通持節承詔入北軍典客劉揭身奪趙王呂祿印益封太尉勃萬戶賜金五千斤丞相陳平灌將軍嬰邑各三千戶金二千斤朱虛侯劉章襄平侯通東牟侯劉興居邑各二千戶金千斤（徐廣曰十一月辛丑）封典客揭爲陽信侯（索隱曰韋昭云勃海縣○正義曰括地志云陽信故城在滄州無棣縣東南三十里漢陽信縣）賜金千斤十二月上曰法者治之正也所以禁暴而率善人也今犯法已論而使毋罪之父母妻子同產坐之及爲收帑朕甚不取其議之有司皆曰民不能自治故爲法以禁之相坐坐收所以累

其心使重犯法所從來遠矣如故便上曰朕聞法正則民愨罪當則民從且夫牧民而導之善者吏也其既不能導又以不正之法罪之是反害於民爲暴者也何以禁之朕未見其便其熟計之有司皆曰陛下加大惠德甚盛非臣等所及也請奉詔書除收帑諸相坐律令應劭曰帑子也秦法一人有罪并坐其家室今除此律

正月有司言曰蚤建太子所以尊宗廟請立太子上曰朕既不德上帝神明未歆享天下人民未有嗛志索隱曰嗛者不滿之意也未有嗛志言天下皆志不滿也漢書嗛作㥦音篋今縱不能博求天下賢聖有德之人而禪天下焉而曰豫建太子是重吾不德也謂天下何其安之索隱曰言何以謂於天下也其發聲也安者徐也言徐徐且待也有司曰豫建太子所以重宗廟社稷不忘天下也上曰楚王季父也春秋高閱天下之義理多矣如淳曰閱猶言多所更歷也明於國家之大體吳王於朕兄也惠仁以好德淮南王弟也秉德以陪朕文穎曰陪輔也豈爲不豫哉諸侯王宗室昆弟有功臣多賢及有德義者若舉有德以陪朕之不能終是社稷之靈天下之福也今不選舉焉而曰必子人其以朕爲忘賢有德者而專於子非所以憂天下也朕

甚不取也有司皆固請曰古者殷周有國治安
皆千餘歲古之有天下者莫不長焉用此道也
索隱曰言古之有天下者無長於立子故云莫長焉用此道者用殷周立子之道故安治千有餘歲也 立嗣
必子所從來遠矣高帝親率士大夫始平天下
建諸侯爲帝者太祖諸侯王及列侯始受國者
皆亦爲其國祖子孫繼嗣世世弗絶天下之大
義也故高帝設之以撫海內今釋宜建而更選
於諸侯及宗室非高帝之志也更議不宜 索隱曰言不宜更別議
子其最長純厚慈仁請建以爲太子上乃
許之因賜天下民當代父後者爵各一級 韋昭曰文

帝以立子爲後不欲獨饗其福故賜天下爲父後者爵 封將軍薄昭爲軹侯 徐廣
曰正月乙巳也 三月有司請立皇后薄太后曰諸侯皆同
姓立太子母爲皇后 索隱曰謂帝之子爲諸侯王皆同姓姓生也言皆同母生故立太子
母也 皇后姓竇氏上爲立后故賜天下鰥寡孤獨
窮困及年八十已上孤兒九歲已下布帛米肉
各有數上從代來初即位施德惠天下塡撫諸
侯四夷皆洽驩乃循從代來功臣上曰方大臣
之誅諸呂迎朕朕狐疑皆止朕唯中尉宋昌勸
朕朕以得保奉宗廟已尊昌爲衛將軍其封昌
爲壯武侯 徐廣曰四月辛亥封封三十四年景帝中四年奪侯國除○索隱曰韋昭云膠東縣○正義曰

（括地志云壯武故城在萊州即墨縣西六十里古萊夷國有漢壯武縣故城）諸從朕六人官皆至九卿（正義曰漢置九卿一曰太常二曰光祿三曰衛尉四曰太僕五曰廷尉六曰大鴻臚七曰宗正八曰大司農九曰少府是爲九卿也）上曰列侯從高帝入蜀漢中者六十八人皆益封各三百戶故吏二千石以上從高帝潁川守尊等十人食邑六百戶淮陽守申徒嘉等十人五百戶衞尉定等十人四百戶封淮南王舅父趙兼爲周陽侯（正義曰括地志云周陽故城在絳州聞喜縣東二十九里）齊王舅父駟鈞爲清郭侯（如淳曰邑名六國時齊有清郭君清音靜○索隱曰按表駟鈞封鄔侯不同者蓋後徙封於鄔鄔屬鉅鹿）秋封故常山丞相蔡兼爲樊侯（索隱曰韋昭云樊東平縣名○正義曰括地志云漢樊縣城在兗州瑕丘西南二十五里地理志云樊縣古樊國仲山甫所封）人或說右丞相曰君本誅諸呂迎代王今又矜其功受上賞處尊位禍且及身右丞相勃乃謝病免罷左丞相平專爲丞相（徐廣曰八月中）

二年十月丞相平卒復以絳侯勃爲丞相上曰朕聞古者諸侯建國千餘歲各守其地以時入貢民不勞苦上下驩欣靡有遺德今列侯多居長安邑遠吏卒給輸費苦而列侯亦無由敎馴其民（正義曰馴古訓字）其令列侯之國爲吏及詔所止者遣太子（張晏曰爲吏謂以鄉大夫爲兼官者詔所止特以恩愛見留者）十一月晦日有

食之 正義曰按說文云日蝕則朔月蝕則望而云晦日蝕之恐曆錯誤 十二月望日又食 徐廣曰此云望日又食案漢書及五行志無此日食文也一本作月食然史書不紀月食 上曰朕聞之天生蒸民爲之置君以養治之人主不德布政不均則天示之以菑以誡不治乃十一月晦日有食之適見于天菑孰大焉朕獲保宗廟以微眇之身託于兆民君王之上天下治亂在朕一人唯二三執政猶吾股肱也朕下不能理育羣生上以累三光之明其不德大矣令至其悉思朕之過失及知見思之所不及匄以告朕及舉賢良方正能直言極諫者以匡朕之不逮因

各飭其任職務省繇費以便民朕既不能遠德故憪然念外人之有非 漢書音義曰憪然猶介然也非姧非也。索隱曰蘇林云憪寢視不安之貌蓋近其意餘說皆疎音下板反 是以設備未息今縱不能罷邊屯戍而又飭兵厚衛其罷衛將軍軍太僕見馬遺財足 索隱曰遺猶留也財字與纔同言太僕見在之馬今留纔足充事也 餘皆以給置傳 索隱曰按廣雅云置驛也續漢書云驛馬三十里一置故樂彥亦云傳置一也言乘傳者以傳次受名乘置者以馬取匹傳音丁戀反如淳云律四馬高足爲傳置四馬中足爲馳置下足爲乘置一馬二馬爲軺置急乘一馬曰乘也 正月上曰農天下之本其開籍田 應劭曰古者天子耕籍田千畝爲天下先籍者帝王典籍之常韋昭曰籍借也借民力以治之以奉宗廟且以勸率天下使務農也瓚曰景帝詔曰朕親耕后親桑爲天下先本以躬親爲義不得以假借爲稱也籍蹈籍也 朕親率耕以給

宗廟粢盛應劭曰黍稷曰粢在器中曰盛三月有司請立皇子爲
諸侯王上曰趙幽王幽死朕甚憐之已立其長
子遂爲趙王遂弟辟彊及齊悼惠王子朱虛侯
章東牟侯興居有功可王乃立趙幽王少子辟
彊爲河間王以齊劇郡立朱虛侯爲城陽王立
東牟侯爲濟北王皇子武爲代王子參爲太原
王子揖爲梁王上曰古之治天下朝有進善之
旌應劭曰旌幡也堯設之五達之道令民進善也如淳曰欲有進善者立於旌下言之誹謗之木服虔
曰堯作之橋梁交午柱頭應劭曰橋梁邊板所以書政治之愆失也至秦去之今乃復施也○索隱曰按尸子云堯立誹
謗之木誹音非亦音沸韋昭云慮政有闕失使書於木此堯時然也後代因以爲飾今宮外橋梁頭四柱木是鄭玄註禮

云一縱一橫爲午謂以木貫表柱四出即今之華表崔浩以爲木貫柱四出名桓陳楚俗桓聲近和又云和表則華與和
又相訛也所以通治道而來諫者今法有誹謗妖言
之罪是使衆臣不敢盡情而上無由聞過失也
將何以來遠方之賢良其除之民或祝詛上以
相約結而後相謾漢書音義曰民相結共祝詛上也謾者而後謾而止之不畢祝詛也○索
隱曰韋昭云謾相抵讕也說文云謾欺也謂初相約共行祝後相欺誑中道而止之也吏以爲大逆
其有他言而吏又以爲誹謗此細民之愚無知
抵死朕甚不取自今以來有犯此者勿聽治九
月初與郡國守相爲銅虎符竹使符應劭曰銅虎符第一至第
五國家當發兵遣使者至郡合符符合乃聽受之竹使符皆以竹箭五枚長五寸鐫刻篆書第一至第五張晏曰符以代

古之珪璋從簡易也。索隱曰漢舊儀銅虎符發兵長六寸竹使符出入徵發說文云符分而合之小顏云右留京師左與之古今註云銅虎符銀錯書之張晏云銅取其同心也

三年十月丁酉晦日有食之十一月上曰前日計遣列侯之國或辭未行丞相朕之所重其爲朕率列侯之國絳侯勃免丞相就國以太尉潁陰侯嬰爲丞相罷太尉官屬丞相四月城陽王章薨淮南王長與從者魏敬殺辟陽侯審食其五月匈奴入北地居河南爲寇帝初幸甘泉蔡邕曰天子車駕所至民臣以爲僥倖故曰幸至見令長三老官屬親臨軒作樂賜食帛越巾刀佩帶民爵有級數或賜田租之半故因是謂之幸。索隱曰應劭云甘泉宮名在雲陽一名林光臣瓚云甘泉山名林光秦離宮名又顧氏按邢承宗西征賦註云甘泉水名今按因地有甘泉以名山則山水皆通也

六月帝曰漢與匈奴約爲昆弟毋使害邊境所以輸遺匈奴甚厚今右賢王離其國將衆居河南降地非常故往來近塞捕殺吏卒驅保塞蠻夷令不得居其故陵轢邊吏入盜甚敖無道非約也其發邊吏騎八萬五千詣高奴遣丞相潁陰侯灌嬰擊匈奴匈奴去發中尉漢書百官表曰中尉秦官材官屬衛將軍軍長安辛卯帝自甘泉之高奴因幸太原見故羣臣皆賜之舉功行賞諸民里賜牛酒復晉陽中都民正義曰故城在汾州平遙縣西南十三里三歲留游太原十餘日濟北王

興居聞帝之代欲往擊胡乃反發兵欲襲滎陽於是詔罷丞相兵遣棘蒲侯陳武爲大將軍將十萬往擊之祁侯賀徐廣曰姓繒以文帝十一年卒謚曰敬。索隱曰漢書音義祁音遲賀姓繒繒古國夏同姓也。正義曰括地志云并州祁縣城晉大夫祁奚之邑爲將軍軍滎陽七月辛亥帝自太原至長安迺詔有司曰濟北王背德反上詿誤吏民爲大逆濟北吏民兵未至先自定及以軍地邑降者皆赦之復官爵與王興居去來亦赦之徐廣曰乍去乍來也駰案張晏曰雖始與興居反今降赦之八月破濟北軍虜其王赦濟北諸吏民與王反者

六年有司言淮南王長廢先帝法不聽天子詔

居處毋度出入擬於天子擅爲法令與棘蒲侯太子奇謀反遣人使閩越及匈奴發其兵欲以危宗廟社稷羣臣議皆曰長當弃市帝不忍致法於王赦其罪廢勿王羣臣請處王蜀嚴道邛都徐廣曰漢書本或作却字或直云邛僰邛都乃本是西南夷爾時未通嚴道有邛僰山。正義曰邛其恭反括地志云嚴道今爲縣即邛州所理縣也縣有蠻夷曰道故曰嚴道邛都縣本邛都國漢爲縣今嶲州也西南夷傳云滇池以北君長以十數邛都最大是也按羣臣請處淮南王長蜀之嚴道不爾更遠邛都西有邛僰山也。又云邛僰山在雅州滎經縣界滎經武德年間置本秦嚴地華陽國志云邛莋山故邛人莋人界也山巖峭峻曲回九折乃至上下有凝冰桉即王尊登者也今從九折西南行至嶲州山多雨少晴俗呼名爲漏天帝許之長未到處所行病死上憐之後十六年追尊淮南王長謚爲

厲王立其子三人爲淮南王索隱曰名安阜陵侯也衡山王索隱曰名勃安陽侯也盧江王索隱曰名賜周陽侯也

十三年夏上曰蓋聞天道禍自怨起而福繇德興百官之非宜由朕躬今祕祝之官移過于下應劭曰祕祝之官移過于下國家諱之故曰祕以彰吾之不德朕甚不取其除之五月齊太倉令淳于公有罪當刑索隱曰名意爲齊太倉令故謂之倉公也詔獄逮徙繫長安太倉公無男有女五人太倉公將行會逮罵其女曰生子不生男有緩急非有益也其少女緹縈索隱曰緹音啼鄒氏音體也自傷泣乃隨其父至長安上書曰妾父爲吏齊中皆

稱其廉平今坐法當刑妾傷夫死者不可復生刑者不可復屬雖復欲改過自新其道無由也妾願没入爲官婢贖父刑罪使得自新書奏天子天子憐悲其意乃下詔曰蓋聞有虞氏之時畫衣冠異章服以爲僇正義曰晉書刑法志云三皇設言而民不違五帝畫衣冠而民知禁犯黥者皁其巾犯劓者丹其服犯臏者墨其體犯宮者雜其屨大辟之罪殊刑之極布其衣裾而無領緣投之於市與衆棄之而民不犯何則至治也今法有肉刑三李奇曰約法三章無肉刑文帝則有肉刑孟康曰黥劓二左右趾合一凡三○索隱曰韋昭云斷趾黥劓之屬崔浩漢律序云文帝除肉刑而宮不易張斐註云以淫亂人族類故不易之也而姦不止其咎安在非乃朕德薄而教不明歟吾甚自愧故夫馴道不

純而愚民陷焉詩曰愷悌君子民之父母今人有過教未施而刑加焉或欲改行爲善而道毋由也朕甚憐之夫刑至斷支體刻肌膚終身不息何其楚痛而不德也豈稱爲民父母之意哉其除肉刑上曰農天下之本務莫大焉今勤身從事而有租稅之賦是爲本末者毋以異李奇曰本農也末賈也言農與賈俱出租無異也故除田租其於勸農之道未備其除田之租稅

十四年冬匈奴謀入邊爲寇攻朝那塞殺北地都尉卬徐廣曰姓孫封其子單爲缾侯匈奴所殺上乃遣三將軍軍隴西北地上郡中尉周舍爲衛將軍郎中令張武爲車騎將軍軍渭北車千乘騎卒十萬帝親自勞軍勒兵申教令賜軍吏卒帝欲自將擊匈奴羣臣諫皆不聽皇太后固要帝如淳曰必不得自征也帝乃止於是以東陽侯張相如爲大將軍成侯赤徐廣曰姓董也爲內史欒布爲將軍擊匈奴匈奴遁走春上曰朕獲執犧牲珪幣以事上帝宗廟十四年于今歷日縣長以不敏不明而久撫臨天下朕甚自愧其廣增諸祀墠場珪幣昔先王遠施不求其報望祀不祈其福右賢左戚韋昭曰右猶高左猶下也○索隱曰劉德

二云先賢後親也先民後已至明之極也今吾聞祠官祝釐如淳曰釐福也賈誼傳受釐坐宣室○索隱曰音禧福也皆歸福朕躬不爲百姓朕甚愧之夫以朕不德而躬享獨美其福百姓不與焉是重吾不德也其令祠官致敬毋有所祈是時北平侯張蒼爲丞相方明律歷魯人公孫臣上書陳終始傳五德事索隱曰五行之德帝王相承傳易終而復始故云終始傳五德之事傳音轉也言方今土德時土德應黃龍見當改正朔服色制度天子下其事與丞相議丞相推以爲今水德始明正十月上黑事以爲其言非是請罷之

十五年黃龍見成紀韋昭曰成紀縣屬天水天子乃復召魯公孫臣以爲博士申明土德事於是上乃下詔曰有異物之神見于成紀無害於民歲以有年朕親郊祀上帝諸神禮官議毋諱以勞朕漢書音義曰言無所諱勿以朕爲勞有司禮官皆曰古者天子夏躬親禮祀上帝於郊故曰郊於是天子始幸雍郊見五帝以孟夏四月答禮焉趙人新垣平以望氣見因說上設立渭陽五廟韋昭曰在渭城欲出周鼎當有玉英見瑞應圖云玉英五常並修則見

十六年上親郊見渭陽五帝廟亦以夏答禮而

尚赤
十七年得玉杯應劭曰新垣平詐令人獻之刻曰人主延壽於是
天子始更爲元年索隱曰秦本紀惠文王十四年更爲元年又汲冢竹書魏惠王亦有後元當取法於此又按封禪書以新垣平候日再中故改元也令天下大酺其歲新垣
平事覺夷三族後二年上曰朕既不明不能遠
德是以使方外之國或不寧息夫四荒之外不
安其生索隱曰頤𦕳按爾雅孤竹北戶西王母日下謂之四荒也封畿之內勤勞
不處二者之咎皆自於朕之德薄而不能遠達
也間者累年匈奴並暴邊境多殺吏民邊臣兵
吏又不能諭吾內志以重吾不德也夫久結難

連兵中外之國將何以自寧今朕夙興夜寐勤
勞天下憂苦萬民爲之怛惕不安未嘗一日忘
於心故遣使者冠蓋相望結軼音轍於道韋昭曰使車往還故轍如結也相如曰結軼還轍○索隱曰鄒氏軼音逸漢書作轍顏氏按司馬彪云結謂車轍回旋錯結也以諭
朕意於單于今單于反古之道計社稷之安便
萬民之利親與朕俱棄細過偕之大道結兄弟
之義以全天下元元之民索隱曰戰國策云制海內子元元非兵不可高誘註云元元善也又按姚察云古者謂人云善人也因善爲元故云黎元其言元元者非一人也顧野王云元元猶喁喁可憐愛貌未安其說聊記異也和親已定始于今年後六年冬匈奴
三萬人入上郡三萬人入雲中以中大夫令勉

徐廣曰衛尉改名也駰案漢書百官表景帝初改衛尉爲中大夫令非此年也。索隱曰中大夫令是官號勉其名後此官改爲光祿勳虞世南以此稱中大夫令是史家追書耳顔遊秦以令是姓勉是名爲中大夫據風俗通令姓令尹子文之後
爲車騎將軍軍飛狐如淳曰在代郡蘇林曰在上黨故楚相蘇
意爲將軍軍句注應劭曰山險名也鴈門陰館。索隱曰伏儼句音俱包愷音鉤也將
軍張武屯北地河內守周亞夫爲將軍居細柳徐廣曰在長安西駰案如淳曰長安圖細柳倉在渭北近石徼張揖曰在昆明池南今有柳市是也。索隱曰按三輔故事細柳在直城門外阿房宮西北維又匈奴傳云細柳在長安西如淳云在渭北非也宗正劉禮爲
將軍居霸上祝茲侯徐廣曰表作松茲侯姓徐名悍軍棘門徐廣曰在渭北駰案孟康曰在長安北秦時宮門也如淳曰三輔黃圖棘門在橫門外以備胡數月胡人
去亦罷天下旱蝗帝加惠令諸侯毋入貢弛山

澤韋昭曰弛廢也其常禁以利民減諸服御狗馬損郎吏員發倉
庾應劭曰水漕倉曰庾胡公曰在邑曰倉在野曰庾。索隱曰郭璞註三蒼云庾倉無屋也胡公名廣後漢太尉作漢官解詁也以振貧民民得賣爵索隱曰崔浩云富人欲爵貧人欲錢故聽買賣孝
文帝從代來即位二十三年宮室苑囿狗馬服
御無所增益有不便輒弛以利民嘗欲作露臺徐廣曰露一作靈。索隱曰顧氏按新豐南驪山上猶有臺之舊址也召匠計之直百金
上曰百金中民十家之產吾奉先帝宮室常恐
羞之何以臺爲上常衣綈衣如淳曰賈誼云身衣皁綈所幸慎
夫人令衣不得曳地幃帳不得文繡以示敦朴
爲天下先治霸陵皆以瓦器不得以金銀銅錫

爲飾不治墳欲爲省毋煩民南越王尉佗自立爲武帝然上召貴尉佗兄弟以德報之佗遂去帝稱臣與匈奴和親匈奴背約入盜然令邊備守不發兵深入惡煩苦百姓吳王詐病不朝就賜几杖羣臣如袁盎等稱說雖切常假借用之蘇林曰假音休假借音以物借人羣臣如張武等受賂遺金錢覺上乃發御府金錢賜之以愧其心弗下吏專務以德化民是以海內殷富興於禮義後七年六月己亥帝崩於未央宮徐廣曰年四十七遺詔曰朕聞蓋天下萬物之萌生靡不有死死者天地之理物之自然者奚可甚哀當今之時世咸嘉生而惡死厚葬以破業重服以傷生吾甚不取且朕既不德無以佐百姓今崩又使重服久臨以離寒暑之數哀人之父子傷長幼之志損其飲食絕鬼神之祭祀以重吾不德也謂天下何朕獲保宗廟以眇眇之身託于天下君王之上二十有餘年矣賴天地之靈社稷之福方內安寧瓚曰方四方也內中也猶云中外也靡有兵革徐廣曰一云方內安兵革息朕既不敏常畏過行以羞先帝之遺德維年之久長懼于不終今乃幸以天年得復供養于高廟朕之不明

與嘉之如淳曰與發聲也得卒天年已善矣其奚哀悲之有其令天
下吏民令到出臨三日皆釋服毋禁取婦嫁女
祠祀飲酒食肉者自當給喪事服臨者皆無踐
服虔曰踐翦也謂無斬衰也孟康曰踐跣也晉灼曰漢語作跣跣徒跣也。索隱曰漢語是書名荀爽所作絰帶
無過三寸毋布車及兵器應劭曰無以布衣車及兵器也不施輕車介士也
毋發人男女哭臨宮殿宮殿中當臨者皆以旦
夕各十五舉聲禮畢罷非旦夕臨時禁毋得擅
哭已下服大紅十五日小紅十四日纖七日釋
服服虔曰當言大功小功布也纖細布衣也應劭曰紅者中祥大祥以紅爲領緣也纖者禫也凡三十六日而釋服。
索隱曰已下謂柩已下於壙劉德云紅功也男功非一故以工力爲字而女工唯在於絲故以糸工爲字三十六日以日

易月也佗不在令中者皆以此令比率從事布告
天下使明知朕意霸陵山川因其故應劭曰因山爲藏不復起
墳山下川流不遏絕也就其水名以爲陵號。索隱曰霸是水名水徑於山亦曰霸山即芷陽地也毋有所
改歸夫人以下至少使應劭曰夫人以下有美人良人八子七子長使少使凡七輩皆
遣歸家重絕人類也令中尉亞夫爲車騎將軍屬國悍徐廣曰姓
徐騶案漢書百官表典屬國秦官掌蠻夷降者爲將屯將軍李奇曰馮奉世爲右將軍以將屯將
軍爲名此監主諸屯也郎中令武爲復土將軍如淳曰主穿壙塡瘞事者。索
隱曰復音伏謂穿壙出土下棺已而塡之即以爲墳故云復土復反還也又音福發近縣見卒萬
六千人發內史卒萬五千人索隱曰百官表云內史掌理京師之官景帝更
名京兆尹藏郭穿復土屬將軍武乙巳漢書云乙巳葬皇甫謐曰霸陵

去長安七十里羣臣皆頓首上尊號曰孝文皇帝太子即
位于高廟丁未襲號曰皇帝孝景皇帝元年十
月制詔御史蓋聞古者祖有功而宗有德應劭曰始取天
下者爲祖高帝稱高祖是也始治天下者爲宗文帝稱太宗是也制禮樂各有由聞歌
者所以發德也舞者所以明功也高廟酎張晏曰正月旦
作酒八月成名曰酎酎之言純也至武帝時因八月嘗酎會諸侯廟中出金助祭所謂酎金也奏武德文
始五行之舞孟康曰武德高祖所作也文始舜舞也五行周舞也武德者其舞人執干戚文始舞執羽
籥五行舞冠冕服法五行色見禮樂志。索隱曰應劭云禮樂志文始舞本舜韶舞高祖更名文始示不相襲五行舞本
周武舞秦始皇更名五行舞按今言奏武德文始五行之舞者其樂揔象武王樂言高祖以武定天下既示不相襲其作
樂之始先奏文始以羽籥衣文繡居先次即奏五行五行即武舞執干戚而衣有五行之色也孝惠廟酎

奏文始五行之舞孝文皇帝臨天下通關梁不
異遠方張晏曰孝文十二年除關不用傳令遠近若一除誹謗去肉刑賞賜
長老收恤孤獨以育羣生減嗜欲不受獻徐廣曰減
一作滅不私其利也罪人不帑蘇林曰刑不及妻子不誅無罪
除肉刑出美人重絕人之世朕既不敏不能識
此皆上古之所不及而孝文皇帝親行之德厚
侔天地李奇曰侔齊等利澤施四海靡不獲福焉明象乎
日月而廟樂不稱朕甚懼焉其爲孝文皇帝廟
爲昭德之舞文穎曰景帝采高祖武德舞作昭德舞舞之於文帝廟見禮樂志以明休
德然後祖宗之功德著於竹帛施於萬世永永

無窮朕甚嘉之其與丞相列侯中二千石禮官具爲禮儀奏丞相臣嘉等言陛下永思孝道立昭德之舞以明孝文皇帝之盛德皆臣嘉等愚所不及臣謹議世功莫大於高皇帝德莫盛於孝文皇帝高皇廟宜爲帝者太祖之廟孝文皇帝廟宜爲帝者太宗之廟天子宜世世獻祖宗之廟郡國諸侯宜各爲孝文皇帝立太宗之廟諸侯王列侯使者侍祠天子歲獻祖宗之廟張晏曰王及列侯歲時遣使詣京師侍祠助祭也如淳曰若光武廟在章陵南陽太守稱使者往祭是也不使侯王祭者諸侯不得祖天子也凡臨祭祀宗廟皆爲侍祭請著之竹帛宣布天下制曰可

太史公曰孔子言必世然後仁孔安國曰三十年曰世如有受命王者必三十年仁政乃成善人之治國百年亦可以勝殘去殺王肅曰勝殘暴之人使不爲惡去殺不用殺也誠哉是言漢興至孝文四十有餘載德至盛也廩廩鄉改正服封禪矣謙讓未成於今嗚呼豈不仁哉

索隱述贊曰

孝文在代　兆遇大橫　宋昌建策
絳侯奉迎　南面而讓　天下歸誠
務農先籍　布德偃兵　除帑削謗
政簡刑清　綈衣率俗　露臺不營

法寬張武　獄恤緹縈　霸陵如故
千年頌聲

史伍阡陸伯柒拾玖字
註肆阡肆伯柒拾伍字

孝文本紀第十　史記十

孝景本紀第十一　史記十一

孝景皇帝者（漢書音義曰諱啓。正義曰謚法曰繇義而濟曰景）孝文之中子也母竇太后孝文在代時前后有三男及竇太后得幸前后死及三子更死故孝景得立

元年四月乙卯赦天下乙巳賜民爵一級五月除田半租爲孝文立太宗廟令羣臣無朝賀匈奴入代與約和親

二年春封故相國蕭何孫係爲武陵侯（徐廣曰漢書亦作係鄒誕生本作傒音奚又案漢書功臣表及蕭何傳皆云孫嘉疑其人有二名。索隱註同）男子二十而得傅（索隱曰音附荀悅云傅正卒也小顏云舊法二十三而傅今改也）四月壬午孝文太后崩（索隱曰薄后也葬芷陽西曰少陵也）廣川長沙王皆之國（索隱曰廣川王彭祖長沙王發皆景帝子遣就國）丞相申屠嘉卒八月以御史大夫開封侯陶青爲丞相彗星出東北秋衡山雨雹（正義曰雨于付反）大者五寸深者二尺熒惑逆行守北辰月出北辰間歲星逆行天廷中置南陵及內史祋祤爲縣（徐廣曰地理志云文帝七年置駰案地理志百官表南陵縣文帝置也分內史爲左右及祋祤爲縣皆景帝二年不得皆如徐所云。索隱曰鄒誕生祋音都會反又音丁活反祤音羽又音詡）

三年正月乙巳赦天下長星出西方天火（徐廣曰漢志無）燔雒陽東宮大殿城室（徐廣曰雒一作淮。索隱曰漢書作淮陽王宮災故從王於魯也）吳王濞（正義曰音披備反高祖兄仲子故漢高祖十二年封二十三年反年表云都吳其實在江

都也楚王戊正義曰高祖弟楚王交孫嗣二十一年反都彭城趙王遂正義曰高祖孫幽王友子嗣二十六年反都邯鄲膠西王卬正義曰卬五郎反高祖孫齊王悼惠王子故昌侯十年反都密州高密縣濟南王辟光正義曰辟音璧高祖孫齊悼惠王子故初侯立十一年反括地志云濟南故城在淄州長山縣西北三十里菑川王賢正義曰高祖孫齊悼惠王子故武城侯立十一年反都劇括地志云菑州縣也故劇城在青州壽光縣南三十一里故紀國膠東王雄渠正義曰高祖孫齊悼惠王子故白石侯立十一年反都即墨括地志云即墨故城在密州膠水縣東南六十里即膠東國反發兵西鄉天子爲誅晁錯遣袁盎諭告不止遂西圍梁正義曰梁孝王都睢陽今宋州上乃遣大將軍竇嬰太尉周亞夫將兵誅之六月乙亥赦亡軍及楚元王子蓺等正義曰蓺魚曳反字亦作藝音同與謀反者封大將軍竇嬰爲

魏其侯正義曰地理志云魏其屬琅耶立楚元王子平陸侯正義曰應劭云平陸西河縣劉禮爲楚王索隱曰韋昭云平陸西河縣禮即向之從曾祖王父也立皇子端爲膠西王子勝爲中山王徙濟北王志正義曰濟子禮反濟北國今濟州盧縣即濟北王所都爲菑川王淮陽王餘正義曰淮陽國今陳州爲魯王正義曰今兗州曲阜縣汝南王非正義曰汝南國今豫州爲江都王正義曰江都國今揚州也吳王濞所都反誅景帝改爲江都國封皇子非也齊王將廬正義曰齊國青州臨淄也將廬齊悼惠王之孫襄王之子年表云燕王嘉皆薨徐廣曰表云五年薨○索隱曰廬悼惠王孫齊王襄之子漢書作閭嘉劉澤之子

四年夏立太子立皇子徹爲膠東王六月甲戌赦天下後九月更以弋陽爲陽陵正義曰括地志云漢景帝陵也

在雍州咸陽縣東三十里按杜作壽陵也復置津關用傳出入應劭曰文帝十二年除關無用傳至此復置傳以七國新反備非常也張晏曰傳信也若今過所也如淳曰傳音檄傳而傳兩行書繒帛分持其一出入關合之乃得過謂之傳○索隱曰傳音丁恋反冬以趙國爲邯鄲郡地理志趙國景帝以爲邯鄲郡

五年三月作陽陵索隱曰景帝豫作壽陵也按趙系家趙肅侯十五年起壽陵後代因之也渭橋五月募徙陽陵予錢二十萬江都大暴風從西方來壞城十二丈丁卯封長公主子蟜爲隆慮侯索隱曰音林閭避殤帝諱改之徙廣川王爲趙王

六年春封中尉趙綰爲建陵侯正義曰括地志云建陵故縣在沂州承縣界江都丞相嘉徐廣曰姓程爲建平侯隴西太守渾

邪爲平曲侯正義曰括地志云平曲縣故城在瀛州文安縣北七十里趙丞相嘉徐廣曰姓蘇爲江陵侯故將軍布爲鄃侯梁楚二王皆薨後九月伐馳道樹殖蘭池徐廣曰殖一作填○正義曰按馳道天子秦始皇作之丈而樹

七年冬廢栗太子爲臨江王正義曰臨江忠州縣雖主臨江而都江陵十二月晦日有食之春免徒隸作陽陵者丞相青免二月乙巳以太尉條侯正義曰條田彫反字亦作蓧音同周亞夫爲丞相四月乙巳立膠東王太后爲皇后索隱曰按系家太后槐里人父仲兄信封蓋侯后故金氏妻女弟姁兒也丁巳立膠東王爲太子名徹

中元年封故御史大夫周苛孫平徐廣曰一作應。○索隱曰苛周昌之兄為繩侯故御史大夫周昌子左車為安陽侯四月乙巳赦天下賜爵一級除禁錮地動衡山原都雨雹大者尺八寸

中二年二月匈奴入燕遂不和親三月召臨江王來即死中尉府中夏立皇子越為廣川王子寄為膠東王封四侯文穎曰楚相張尚太傅趙夷吾趙相建德內史王悍此四人各諫其王無使反不聽皆殺之故封其子。○索隱曰韋昭云張尚子當居趙夷吾子周建德子橫王悍子弃九月甲戌日食

中三年冬罷諸侯御史中丞春匈奴王二人率其徒來降皆封為列侯正義曰漢書表云中三年安陵侯子軍柏侯賜遒侯陸彊容城侯徐盧易侯僕日范陽侯代翕侯邯鄲七人以匈奴王降皆封為列侯按紀言二人者是匈奴二王為首降立皇子方乘為清河王三月彗星出西北丞相周亞夫死以御史大夫桃侯劉舍為丞相四月地動九月戊戌晦日食軍東都門外按三輔黃圖東出北第一門曰宣平門外曰東都門。○索隱註同

中四年三月置德陽宮瓚曰是景帝廟也帝自作之諱不言廟故言宮西京故事云景帝廟為德陽宮大蝗秋赦徒作陽陵者

中五年夏立皇子舜為常山王封十侯正義曰惠景間年表云亞王侯盧他之龍盧侯陳留蟜乘氏侯劉買柏邑侯劉明蓋侯王信按其五人是中元五年封餘檢不獲中元三年匈

奴王二人降封爲列侯惠景間表云匈奴王降爲侯者有七人疑其五人是十侯之數六月丁巳赦天下賜爵一級天下大潦更命諸侯丞相曰相

秋地動

中六年二月己卯行幸雍郊見五帝三月雨雹

四月梁孝王正義曰都睢陽今宋州城陽共王正義曰城陽今濮州雷澤縣古城陽也共音恭謚法嚴敬故事曰恭汝南王皆薨立梁孝王子明爲濟川王正義曰表云分梁置也子彭離爲濟東王正義曰表云分梁置也子定爲山陽王正義曰地理志云景帝中六年別爲山陽國屬兗州子不識爲濟陰王正義曰地理志云景帝中六年別爲濟陰國屬兗州案今曹州是也梁分爲五封四侯

更命廷尉爲大理將作少府爲將作大匠主爵中尉爲都尉漢書百官表曰主爵中尉秦官掌列侯長信詹事漢書百官表曰詹事秦官掌皇后太子家應劭曰詹省也給也瓚曰茂陵書詹事秩二千石爲長信少府張晏曰以太后所居宮爲名長信宮則曰長信少府長樂宮則曰長樂少府將行爲大長秋漢書百官表曰將行秦官應劭曰長秋皇后卿大行爲行人服虔曰天子死未有謚稱大行晉灼曰禮有大行小行主謚官故以此名之如淳曰不反之辭也瓚曰大行是官名掌九儀之制以賓諸侯。索隱曰鄭玄云命者五謂公侯伯子男爵者四孤卿大夫士是九也奉常爲太常漢書百官表曰奉常秦官掌宗廟禮儀典客爲大行索隱曰韋昭云大行官名秦時云典客景帝初改云大行後更名大鴻臚武帝因而不改故漢書景紀有大鴻臚百官表又云武帝改名大鴻臚臚附也以言其掌四夷賓客若皮臚之在外附於身也復有大行令故諸侯薨大鴻臚奏謚列侯薨則大行奏誄按大行令即鴻臚之屬官也治粟內史爲大農漢書百官表曰治粟內史秦官掌穀貨也以大內爲二千石韋昭曰大內京師府藏

置左右内官屬大内 索隱曰主天子之私財曰小内小内即屬大内也 七月辛亥日食八月匈奴入上郡

後元年冬更命中大夫爲衛尉 正義曰漢書百官表云衛尉秦官掌宫闈門衛屯兵景帝初更名中大夫令後元年復爲衛尉 三月丁酉赦天下賜爵一級中二千石諸侯相爵右庶長四月大酺五月丙戌 徐廣曰丙一作甲 地動其蚤食時復動上庸地動二十二日壞城垣七月乙巳日食丞相劉舍免八月壬辰以御史大夫綰爲丞相封爲建陵侯 索隱曰姓衛

後二年正月地一日三動郅將軍 正義曰郅眞栗反郅都傳云匈奴刻木爲郅都而射不中 擊匈奴酺五日令内史郡不得食馬粟沒入縣官令徒隷衣七緵布 正義曰衣於既反緵祖工反緵八十縷也與布相似七升布用五百六十縷 止馬舂 索隱曰止人爲馬舂粟爲歲不登也 爲歲不登禁天下食不造歲省列侯遣之國 晉灼曰文紀遣列侯之國今又省之 三月匈奴入鴈門十月租長陵田大旱衡山國河東雲中郡 正義曰衡山國今衡州河東今蒲州雲中郡今勝州 民疫

後三年十月日月皆食赤五日十二月晦雷 徐廣曰一作雷字又作圖字實所未詳 日如紫五星逆行守太微月貫天庭中 索隱曰天庭即龍星右角也按石氏星傳曰龍在左角曰天田右角曰天廷 正月甲寅皇太子冠甲子孝景皇帝崩 皇甫謐曰帝以孝惠七年生年四十

八遺詔賜諸侯王以下至民爲父後爵一級天下户百錢出宫人歸其家復無所與太子即位是爲孝武皇帝漢書云二月癸酉帝葬陽陵皇甫謐曰陽陵山方百二十步高十四丈去長安四十五里三月封皇太后弟蚡蘇林曰蚡音䶜○索隱曰蚡音扶粉反按外戚世家皇太后母臧兒初嫁王氏生子信而寡更嫁長陵田氏生蚡及勝爲武安侯弟勝爲周陽侯置陽陵

太史公曰漢興孝文施大德天下懷安至孝景不復憂異姓而鼂錯刻削諸侯遂使七國俱起合從而西鄉以諸侯太盛而錯爲之不以漸也及主父偃言之而諸侯以弱卒以安索隱曰主父偃上言令天子下推恩之令令諸侯各得分邑其子弟於是遂弱卒以安也安危之機豈不以哉

索隱述贊曰景帝即位因脩靜默勉人於農率下以德制度斯創禮法可則一朝吴楚乍起凶慝提局成釁拒輪致戮鼂錯雖誅梁城未克條侯出將追奔逐北坐見梟剠立剪牟賊如何太尉後卒下獄惜哉明君斯功不録

孝景本紀第十一　史記十一

孝武本紀第十二　史記十二

太史公自序曰作今上本紀又其述事皆云今上今天子或有言孝武帝者悉後人所定也張晏曰武紀褚先生補作也褚先生名少孫漢博士也○索隱曰按褚先生補史記合集武帝事以編年今止取封禪書補之信其才之薄也又張晏云褚先生潁川人仕元成間韋稜云褚顗家傳褚少孫梁相褚大弟之孫宣帝時爲博士寓居于沛事大儒王式故號爲先生續太史公書阮孝緒亦以爲然

孝武皇帝者漢書音義曰諱徹○正義曰謚法云克定禍亂曰武孝景中子也索隱曰按景十三王傳廣川王已上皆是武帝兄自河間王德以至廣川凡有八人則帝第九也母曰王太后孝景四年以皇子爲膠東王孝景七年栗太子廢爲臨江王以膠東王爲太子孝景十六年崩太子即位爲孝武皇帝張晏曰武帝以景帝元年生七歲爲太子爲太

子十歲而景帝崩時年十六矣孝武皇帝初即位尤敬鬼神之祀

元年漢興已六十餘歲矣徐廣曰六十七年歲在辛丑天下乂安薦紳之屬索隱曰薦音搢搢挺也言挺笏於紳帶之間事出禮内則今作薦者古字假借耳漢書作縉紳臣瓚云縉赤白色非也○正義曰乂音魚廢反皆望天子封禪改正度也而上鄉儒術招賢良趙綰王臧等以文學爲公卿欲議古立明堂城南以朝諸侯索隱曰城南長安城南門外也關中記云明堂在長安城門外杜門之西草巡狩封禪改歷服色事未就會竇太后治黃老言不好儒術使人微得趙綰等姦利事徐廣曰織微伺察之召案綰臧綰臧自殺正義曰漢書孝武帝二年御史大夫趙綰坐請無奏事太皇太后及郎中令王臧皆下獄自殺應劭云王臧儒者欲立明堂辟

雍太后素好黃老術非薄五經因欲絶奏事太后太后怒故令殺諸所興爲者皆廢後
六年竇太后崩其明年上徵文學之士公孫弘
等明年上初至雍郊見五時正義曰時音止括地志云漢五帝時在岐州雍
縣南孟康云時者神靈之所止或曰以雍州雍縣南孟康云時者神靈上帝也按五時者鄜時密時吳陽時北時先是文
公作鄜時祭白帝秦宣公作密時祭青帝秦靈公作吳陽上時下時祭赤黃帝漢高祖作北時祭黑帝是五時也後
常三歲一郊是時上求神君正義曰漢武帝故事云起栢梁臺以處神君長
陵女子也先是嫁爲人妻生一男數歲死女子悼痛之歲中亦死而靈宛若祠之遂聞言宛若爲生民人多往請福說家
人小事有驗平原君亦事之至後子孫尊貴及上即位太后延於宮中祭之聞其言不見其人至是神君求出乃營栢梁
臺舍之初霍去病微時自禱神君及見其形自修飾欲與去病交接去病不肯謂神君曰吾以神君精絜故齋戒祈福今
欲婬此非也自絶不復往神君慙之乃去也舍之上林中蹏氏觀徐廣曰蹏音啼○索

隱曰鄒誕生音斯又音蹏觀名也神君者長陵女子以子死悲哀
故見神於先後宛若孟康曰產乳而死兄弟妻相謂先後宛若○索隱曰鄒誕生音先後
並去聲即今妯娌也孟康以兄弟妻相謂也韋昭云先姒後娣宛音冤宛若祠之其室民
多往祠平原君往祠徐廣曰武帝外祖母也駰案蔡邕曰異姓婦人以恩澤封者曰君儀
比長公主○索隱曰徐云武帝外祖母則是臧兒也其後子孫以尊顯及武帝
即位則厚禮置祠之內中聞其言不見其人云
是時而李少君亦以祠竈穀道卻老方見上李奇
曰食穀道引或曰辟穀不食之道○索隱曰如淳云祠竈可以致福按禮竈者老婦之祭盛於盆尊於瓶說文周禮以竈
祠祝融淮南子炎帝作火官死爲今之竈神司馬彪註莊子云浩竈神也如美女衣赤李弘範音浩上尊之
少君者故深澤侯徐廣曰姓趙景帝時絶封入以主方徐廣曰進納於天子

而主方一云侯人主方騶桀如淳曰侯家人主方藥者也匿其年及所生長常自

謂七十能使物卻老如淳曰物鬼物也瓚曰物藥物也其游以方徧

諸侯無妻子人聞其能使物及不死更饋遺之

常餘金錢帛衣食人皆以爲不治產業而饒給

又不知其何所人愈信爭事之少君資好方善

爲巧發奇中如淳曰時時發言有所中也嘗從武安侯飲索隱曰服

虔云田蚡也韋昭云武安屬魏郡坐中有年九十餘老人少君乃

言與其大父游射處老人爲兒時從其大父行

識其處一坐盡驚少君見上上有故銅器問少

君曰此器齊桓公十年陳於柏寢服虔曰地名有臺也

瓚曰晏子書柏寢臺名也。正義曰括地志云柏寢臺在青州千乘縣東北二十一里韓子云景公與晏子遊於少海登柏寢之臺而望其國公曰美哉堂乎後代孰將有此晏子云其田氏乎公曰寡人有國而田氏有之柰何對曰奪之則近賢遠不肖治其煩亂輕其刑罰服窮乏恤孤寡行恩惠崇節儉雖十田氏其如堂何即此也已而案其刻

果齊桓公器一宮盡駭以少君爲神數百歲人

也少君言於上曰祠竈則致物致物而丹砂可

化爲黃金黃金成以爲飲食器則益壽益壽而

海中蓬萊僊者可見見之以封禪則不死黃帝

是也臣嘗游海上見安期生索隱曰服虔云古之真人。正義曰列仙傳云

安期生琅耶阜鄉亭人也賣藥海邊秦始皇請語三夜賜金數千萬出於阜鄉亭皆置去留書以赤玉舄一重爲報曰後千歲求我於蓬萊山下食巨棗大如瓜安期生僊者通蓬萊

中合則見人不合則隱於是天子始親祠竈而遣方士入海求蓬萊安期生之屬而事化丹砂諸藥齊爲黃金矣索隱曰齊音分劑之劑居久之李少君病死正義曰漢書起居云李少君將去武帝夢與共登嵩高山半道有使乘龍時從雲中云太一請少君帝謂左右將舍我去矣數月而少君病死又發棺看唯衣冠在也天子以爲化去不死也而使黃錘韋昭曰人姓名正義音直爲反史寬舒受其方漢書音義曰二人皆方士。正義曰姓史名寬舒求蓬萊安期生莫能得而海上燕齊怪迂之方士多相效更言神事矣亳人薄誘忌徐廣曰一云亳人謬忌也。索隱曰亳山陽縣名姓謬名忌居亳故下稱薄忌此文則衍薄字而謬又誤作誘也奏祠泰一方曰天神貴者泰一索隱曰按樂汁徵圖一云紫微宮北極天一太一宋均以爲天一太一北極之別名春秋緯云紫極之別名又云紫宮天皇曜魄寶之所理也泰一佐曰五帝正義曰五帝五天帝也國語云蒼帝靈威仰赤帝赤熛怒白帝白招矩黑帝叶光紀黃帝含樞紐尚書帝命驗云蒼帝名靈威仰赤名文祖黃帝名神汁白帝名顯紀黑帝名玄矩佐者謂配祭也古者天子以春秋祭泰一東南郊用太牢具七日徐廣曰一云日一太牢具七日爲壇開八通之鬼道於是天子令太祝立其祠長安東南郊常奉祠如忌方其後人有上書言古者天子三年一用太牢具祠神三一天一地一泰一天子許之令太祝領祠之忌泰一壇上如其方後人復有上書言古者天子常以春秋解祠祠黃帝用一梟破鏡孟康曰梟鳥名食母破鏡獸名食父黃帝欲絶其類使百物祠皆用之破鏡如貙而虎眼或云直用破鏡如淳曰漢使東郡送梟五月五日爲梟羹以賜百官以惡鳥故食之冥羊用羊祠服虔曰神明也馬行正義曰神名也用一青牡
馬泰一皋山山君地長正義曰丁丈反三並神名用牛武夷君
正義曰神名用乾魚陰陽使者以一牛漢書音義曰陰陽之神也令祠
官領之如其方而祠於忌泰一壇旁其後天子
苑有白鹿以其皮爲幣索隱曰按食貨志幣以白鹿皮方尺緣以繢以薦璧得以黃金一斤代之又漢律皮幣率鹿皮方尺直金一斤以發瑞應造白金焉正義曰白金三品武帝所鑄也如淳曰雜鑄銀錫爲白金也平準書云造銀錫爲白金以爲天用莫如龍地用莫如馬人用莫如龜故曰白金三品其一曰重八兩圓之其文龍名曰白選直三千二曰重差小方之其文馬直五百三曰復小隋之其文龜直三百錢譜云白金第一其形圓如錢肉好圓文爲一龍白銀第二其形方小長肉好亦小長好上下文爲二馬白銀第三其形似龜肉好小是文爲龜甲也

其明年郊雍獲一角獸若麃然韋昭曰楚人謂麋爲麃○索隱曰麃音步交反按韋昭云體若麕而一角春秋所謂有麕而角是也楚人謂麋爲麃又周書王會云麃者若鹿爾雅云麋大鹿也牛尾一角郭璞云漢武獲一角獸若麃謂之麟是也有司曰陛
下肅祇郊祀上帝報享錫一角獸蓋麟云正義曰漢書終軍傳云從上雍獲白麟一角戴肉設武備而不爲害所以爲仁於是以薦五時時加
一牛以燎正義曰力召反燎也賜諸侯白金以風符應合于
天地晉灼曰符瑞也瓚曰風示諸侯以此符瑞之應於是濟北王以爲天子
且封禪乃上書獻泰山及其旁邑天子受之更
以他縣償之常山王有辠遷天子封其弟於眞
定以續先王祀而以常山爲郡然後五嶽皆在

天子之郡其明年齊人少翁正義曰漢武故事云少翁年二百歲色如童子以鬼神方見上上有所幸王夫人徐廣曰齊懷王閎之母也駰案桓譚新論云武帝有所愛幸姬王夫人窈窕好容質性嬛佞○正義曰漢書作李夫人夫人卒少翁以方術蓋夜致王夫人及竈鬼之貌云天子自帷中望見焉於是乃拜少翁為文成將軍賞賜甚多以客禮禮之文成言曰上即欲與神通宮室被服不象神神物不至乃作畫雲氣車及各以勝日漢書音義曰如火勝金用丙與丁日不用庚辛駕車辟惡鬼又作甘泉宮中為臺室畫天地泰一諸神而置祭具以致天神居歲餘其方益衰神不至乃為帛書以飯牛正義曰飯房晚反書絹帛上為怪言語以飼牛詳弗知也言此牛腹中有奇殺而視之得書書言甚怪天子疑之有識其手書問之人果為書於是誅文成將軍正義曰漢武故事云文成誅月餘日使者藉貨關東還逢之於漕亭還見言之上乃疑發其棺無所見唯有竹筒一枚捕驗閒無蹤跡也而隱之其後則又作栢梁銅柱承露僊人掌之屬矣蘇林曰仙人以手掌擎盤承甘露也○索隱曰服虔云用梁栢頭按今字皆作栢三輔故事云臺高二十丈用香栢為殿梁香聞十里中建章宮承露盤高三十丈大七圍以銅為之上有仙人掌承露和玉屑飲之故張衡賦曰立脩莖之仙掌承雲表之清露是也文成死明年天子病鼎湖甚晉灼曰在湖縣韋昭曰地名近宜春○索隱曰湖縣名屬京兆後屬弘農昔黃帝採首陽山銅鑄鼎於湖曰鼎湖即今之湖城縣也韋昭以為近宜春亦甚疎巫醫無所不致至不愈游水發根

服虔曰游水縣名發根人名姓晉灼曰地理志游水水名在臨淮浦也。索隱曰顏師古以游水姓發根名蓋或因水爲姓或曰發樹根也乃言曰上郡有巫病而鬼下之上召置祠之甘泉及病使人問神君韋昭曰即病巫之神神君言曰天子毋憂病病少愈強與我會甘泉於是病愈遂幸甘泉病良已孟康曰良已蓋已愈也大赦天下置壽宮神君服虔曰立此便宮也瓚曰宮奉神之宮也楚辭曰蹇將澹兮壽宮神君最貴者大夫其佐曰大禁司命之屬皆從之非可得見聞其音與人言等時去時來來則風肅然也居室帷中時晝言然常以夜天子祓然後入漢書音義曰祟絜自祓除然後入因巫爲主人關飲食所欲者言行下李奇曰神所欲言上輒爲下之又置壽宮北宮正義曰括地志云壽宮北宮皆在雍州長安縣西北三十里長安故城中漢書云武帝壽宮以處神君張羽旗設供具以禮神君神君所言上使人受書其言命之曰書法漢書音義曰或云策書之法也。正義曰書音獲按畫一之法其所語世俗之所知也毋絕殊者而天子獨喜其事祕世莫知也其後三年有司言元宜以天瑞命不宜以一二數蘇林曰得黃龍鳳皇諸瑞以名年。正義曰孝景以前即位以一二數年至其終武帝即位初有年號改元以建元爲始一元曰建元二元以長星曰元光三元以郊得一角獸曰元狩云徐廣曰案諸紀元光後有元朔元朔後得元狩其明年冬天子郊雍議曰今上帝朕親郊而后土毋祀則禮不荅也有司與太史公韋昭曰說者以談爲太史公失之矣史記稱遷爲太史公者是外孫楊惲所稱○索隱曰姚察按司馬遷傳亦以談爲太史公非惲所加又按虞喜志林云古者主天官皆上公自周至漢其職轉卑然朝會坐位猶居公上尊天之道其官屬仍以舊名尊而稱公公名當起於此故如淳云太史公位在丞相上天下郡國計書先上太史公副上丞相其義是也而桓譚新論以爲太史公造書書成示東方朔朔爲平定因署其下太史公者皆東方朔所加之也楊惲繼此而稱耳祠官寬舒等議天地牲角繭栗今陛下親祀后土后土宜於澤中圜丘爲五壇壇一黃犢太牢具已祠盡瘞而從祠衣上黃於是天子遂東始立后土祠汾陰脽上徐廣曰元鼎四年時也駰案蘇林曰脽音誰如淳曰河之東岸特堆堀長四五里廣二里餘高十餘丈汾陰縣在脽之上后土祠在縣西汾在脽之北西流與河合也○索隱曰漢書舊儀作葵上者蓋河東人呼誰與葵同故耳如寬舒等議上

親望拜如上帝禮禮畢天子遂至滎陽而還過雒陽下詔曰三代邈絕遠矣難存其以三十里地封周後爲周子南君以奉先王祀焉是歲天子始巡郡縣侵尋於泰山矣索隱曰侵尋即浸淫也故晉灼云遂往之意也小顏云浸淫漸染之義蓋尋淫聲相近假借用耳師古叔父游秦亦解漢書故稱師古爲小顏也其春樂成侯徐廣曰姓丁名義後與欒大俱誅也○索隱曰韋昭云河間縣按郊祀志樂成侯登而徐廣據表云姓丁名義未詳耳上書言欒大欒大膠東宮人服虔曰王家人故嘗與文成將軍同師已而爲膠東王尚方而樂成侯姊爲康王后孟康曰膠東王后也毋子康王死他姬子立爲王而康后有淫行與王不相中得相危以法

康后聞文成已死而欲自媚於上乃遣欒大因樂成侯求見言方天子既誅文成後悔恨其早死惜其方不盡及見欒大大悅大爲人長美言多方略而敢爲大言處之不疑大言曰臣嘗往來海中見安期羨門之屬索隱曰韋昭云羨門古仙人應劭云名子高顧以爲臣賤不信臣又以爲康王諸侯耳不足予方臣數言康王康王又不用臣臣之師曰黃金可成而河決可塞不死之藥可得僊人可致也臣恐效文成則方士皆掩口惡敢言方哉上曰文成食馬肝死耳子誠能脩其方我何愛乎大

曰臣師非有求人人者求之陛下必欲致之則貴其使者令有親屬以客禮待之勿卑使各佩其信印乃可使通言於神人神人尚肯邪不邪致尊其使然後可致也於是上使先驗小方鬬旗旗正義曰音其文本或作棊說文云棋博棊也高誘註淮南子云取雞血與針磨擣之以和磁石用塗棊頭曝乾之置局上即相拒不止也自相觸擊是時上方憂河決而黃金不就正義曰鍊丹砂鈆錫爲黃金不就乃拜大爲五利將軍居月餘得四金印佩天士將軍地士將軍大通將軍天道將軍印制詔御史昔禹疏九江決四瀆閒者河溢皐陸隄繇不息正義曰顏師古云皐水旁地也廣平曰陸言水大汎

溢自皐及陸而築作堤偪役甚多不暇休息朕臨天下二十有八年天若
遺朕士而大通焉韋昭曰言欒大能通天意故封樂通○索隱曰樂通在臨淮高平縣乾
稱蜚龍鴻漸于般漢書音義曰般水涯堆也漸進也武帝云得欒大如鴻進於般一舉千里
得道若飛龍在天意庶幾與焉其以二千戶封地士將軍
大爲樂通侯韋昭曰樂通臨淮高平也賜列侯甲第漢書音義曰有甲乙第次
故曰第僮千人乘輿斥車馬漢書音義曰或云斥不用也韋昭曰當在服御○索
隱曰孟康云斥不用之車馬是也帷帳器物以充其家又以衛長
公主妻之孟康曰衛太子妹如淳曰衛太子姊也蔡邕曰帝女曰公主公主儀比諸侯姊妹曰長公主儀
比諸侯王駰案此帝女也而云長公主未詳齎金萬斤更名其邑曰當利
公主地理志云東萊有當利縣天子親如五利之第使者存問

所給連屬於道自大主徐廣曰武帝姑也駰案韋昭曰竇太后之女也將相
以下皆置酒其家獻遺之於是天子又刻玉印
曰天道將軍使使衣羽衣夜立白茅上五利將
軍亦衣羽衣立白茅上受印以示弗臣也而佩
天道者且爲天子道天神也於是五利常夜祠
其家欲以下神神未至而百鬼集矣然頗能使
之其後治裝行東入海求其師云大見數月佩
六印貴振天下而海上燕齊之間莫不搤捥服虔
曰滿手曰搤掔曰搤執持也而自言有禁方能神僊矣其夏六
月中汾陰巫錦應劭曰錦巫名爲民祠魏脽后土營旁應劭

曰魏故魏國也脽若丘之類見地如鉤狀掊視得鼎索隱曰說文掊把也音步
溝反鼎大異於衆鼎文鏤無款識韋昭曰款刻也○索隱曰識猶表識怪
之言吏吏告河東太守勝勝以聞天子使使驗
問巫錦得鼎無姦詐乃以禮祠迎鼎至甘泉從
行上薦之如淳曰以鼎從行上至甘泉將薦之於天也至中山徐廣曰河渠書鑿涇水自
中山西○索隱曰此山在馮翊谷口縣西近九嵕山土人呼爲中山河渠書韓使水工鄭國說秦鑿涇水自中山西即此
山也晏温如淳曰三輔謂日出清濟爲晏晏而温也○索隱曰許慎註淮南云晏無雲也有黃雲
蓋焉有鹿過上自射之因以祭云至長安徐廣曰上言從
行薦之或曰祭鼎乎公卿大夫皆議請尊寶鼎天子曰間者
河溢歲數不登故巡祭后土祈爲百姓育穀今

年豐廡未有報鼎曷爲出哉有司皆曰聞昔太
帝興神鼎一索隱曰師古以太帝即太昊伏犧氏以文在黃帝之前故也一者一統
天地萬物所繫終也黃帝作寶鼎三象天地人
也禹收九牧之金鑄九鼎皆嘗鬺亨徐廣曰亨煑也鬺音觴皆
嘗以亨牲牢而祭祀也○索隱曰言鼎以亨牲而饗嘗也鬺字又作腸音殤漢書郊祀志云鼎空足曰鬲以象三德鬲音
歷謂足中不實者名之也上帝鬼神服虔曰以祭祀上帝或曰嘗亨酌也遭聖則興正義
曰遭逢也鼎雖淪泗水逢聖興起故出汾陰西至甘泉也遷于夏商周德衰宋之
社亡正義曰社主民也社以石爲之宋社即亳社也周武王伐紂乃立亳社以爲監戒覆上棧下使通天地陰陽之
氣周禮衰國將危民故宋之社爲亡所復也鼎乃淪伏而不見頌云自堂
徂基正義曰此以下至胡考之休是周頌絲衣之詩自堂從內往外基門內塾也鄭玄云門側之堂謂之塾繹

禮輕使士升堂視壺濯及籩豆之屬降往於塾牲自羊徂牛充包乃舉鼎告潔禮之次也自羊徂牛正義
曰自堂徂塾先視羊後及牛也毛萇云先小後大也鼐鼎及鼒韋昭曰爾雅云鼎絕大謂之鼐圜弇
上謂之鼒不虞不驁胡考之休索隱曰毛詩傳云吳譁也姚氏案何承天云此虞當
爲吳音供霸反說文以吳一口大言也此作虞者與吳聲相近故假借也或者本文借此虞爲驩娛字也今鼎
至甘泉光潤龍變承休無疆合茲中山有黃白
雲降韋昭曰與中山所見黃雲之氣合也蓋若獸爲符服虔曰雲若獸在車蓋也晉灼曰蓋
辭也或曰符謂瑞應也路弓乘矢韋昭曰路大也四矢爲乘集獲壇下報祠
大饗徐廣曰一云大報享祠也惟受命而帝者心知其意服虔曰高
祖受命知之也宜見鼎於其廟而合德焉鼎宜見於祖禰藏於帝
廷以合明應制曰可入海求蓬萊者正義曰蓬萊方丈瀛洲勃

海中三神山也言蓬萊不遠而不能至者殆不見其氣上
乃遣望氣佐候其氣云其秋上幸雍且郊索隱曰以雍地
形高故云上或曰五帝泰一之佐也宜立泰一而上親
郊之上疑未定齊人公孫卿曰今年得寶鼎其
冬辛巳朔旦冬至與黃帝時等卿有札書曰黃
帝得寶鼎宛侯問於鬼臾區漢書音義曰區黃帝時人○索隱曰鄭玄云黃
帝佐也李奇曰黃帝時諸侯本作申區者非藝文志作鬼容區也區對曰黃帝得寶鼎
神筴是歲己酉朔旦冬至得天之紀終而復始
於是黃帝迎日推筴後率二十歲正義曰率音律又音類又所律
反三音並通後皆放此也得朔旦冬至凡二十推三百八十年

黃帝僊登于天卿因所忠欲奏之所忠視其書不經疑其妄書謝曰寶鼎事已決矣尚何以爲卿因嬖人奏之上大說召問卿對曰受此書申功封禪書功字作公申公已死上曰申功何人也卿曰申功齊人也與安期生通受黃帝言無書獨有此鼎書曰漢興復當黃帝之時漢之聖者在高祖之孫且曾孫也寶鼎出而與神通封禪封禪七十二王正義曰河圖云王者封太山禪梁父易姓登崇有七十二君也唯黃帝得上泰山封申功曰漢主亦當上封上封則能僊登天矣黃帝時萬諸侯而神靈之封居七千應劭曰黃帝時諸侯

會封禪者七千人李奇曰說仙道得封者七千國張晏曰神靈之封謂山川之守天下名山八而三在蠻夷五在中國中國華山首山太室泰山東萊此五山黃帝之所常遊與神會黃帝且戰且學僊患百姓非其道乃斷斬非鬼神者百餘歲然後得與神通黃帝郊雍上帝宿三月鬼臾區號大鴻死葬雍故鴻冢是也蘇林曰今雍有鴻冢其後黃帝接萬靈明廷明廷者甘泉也所謂寒門者谷口也徐廣曰寒一作塞漢書音義曰黃帝仙於寒門也○索隱曰服虔云寒門黃帝所僊之處小顏云谷中山之谷口漢時爲縣今呼爲治谷去甘泉八十里盛夏凜然故曰寒門黃帝采首山銅鑄鼎於荊山下晉灼曰地理志首山屬河東蒲阪荊山在馮翊懷德縣鼎既成有龍

垂胡顊下迎黃帝索隱曰顔師古云胡謂頷下垂肉也顊其毛也故童謡曰何當爲君鼓龍胡是也黃帝上騎羣臣後宮從上龍七千餘人龍乃上去餘小臣不得上乃悉持龍顊龍顊拔墮正義曰徒果反黃帝之弓百姓仰望黃帝既上天乃抱其弓與龍胡顊號正義曰戶高反下同故後世因名其處曰鼎湖正義曰括地志云湖水原出虢州湖城縣南三十五里夸父山北流入河即鼎湖也其弓曰烏號於是天子曰嗟乎吾誠得如黃帝吾視去妻子如脫躧耳乃拜卿爲郎東使候神於太室上遂郊雍至隴西西登空桐正義曰空桐山在原州平高縣西一百里幸甘泉令祠官寬舒等具泰一祠壇壇放薄忌泰一壇

壇三垓徐廣曰垓次也駰案李奇曰垓重也三重壇也○索隱曰鄒氏云垓一作陔言壇階三重五帝壇環居其下各如其方黃帝西南除八通鬼道服虔曰坤位在未黃帝從土位泰一所用如雍一時物而加醴棗脯之屬殺一犛牛以爲俎豆牢具而五帝獨有俎豆韋昭曰無犛牛醴之屬醴進索隱曰師古云具俎豆酒醴而進之一曰進謂雜物之具所以加禮也其下四方地爲餟食索隱曰餟音竹芮反謂聯續而祭之漢志作醊古字亦通說文云餟祭酹也○正義曰劉伯莊云謂繞壇設諸神祭座相連綴也羣神從者及北斗云已祠胙餘皆燎之其牛色白鹿居其中彘在鹿中水而洎之徐廣曰洎音居器反肉汁也駰案晉灼曰此說合牲物燎之也○正義曰劉伯莊云以大羹和祭食燎之按以鹿內牛中以彘內鹿中水玄酒也祭日以牛祭月以羊彘特

索隱曰特一牲也言若牛若羊若彘止一特也泰一祝宰則衣紫及繡五帝各如其色日赤月白十一月辛巳朔旦冬至昧爽天子始郊拜泰一朝朝日夕夕月應劭曰天子春朝日秋夕月拜日東門之外朝日以朝夕月以夕瓚曰漢儀郊泰一時皇帝平旦出竹宫東向揖日其夕西向揖月便用郊日不用春秋也則揖而見泰一如雍禮其贊饗曰天始以寶鼎神策授皇帝朔而又朔終而復始皇帝敬拜見焉而衣上黃其祠列火滿壇壇旁亨炊具有司云祠上有光焉公卿言皇帝始郊見泰一雲陽正義曰括地志云漢雲陽宫在雍州雲陽縣北八十一里有通天臺即黃帝以來祭天圜丘之處武帝以五月避暑八月乃還也有司奉瑄玉孟康曰璧大六寸謂之瑄○索隱曰瑄音宣嘉

牲薦饗正義曰漢書儀云祭天養牛五歲至二千斤是夜有美光及晝黃氣上屬天太史公祠官寬舒等曰神靈之休祐福兆祥宜因此地光域徐廣曰地一作夜立泰畤壇以明應令太祝領祀及臘閒祠三歲天子一郊見其秋爲伐南越告禱泰一以牡徐廣曰一作牝荆畫幡如淳曰荆之無子者皆以絜齊之道也晉灼曰牡荆節間不相當者韋昭曰以牡荆爲柄者也日月北斗登龍以象天一三星爲泰一鋒徐廣曰天官書曰天極星明者泰一常居也斗口三星曰天一駰案晉灼曰畫一星在後三星在前爲太一鋒也名曰靈旗正義曰李奇云畫旗樹泰一壇上名靈旗畫日月北斗登龍等爲兵禱正義曰爲于僞反則太史奉以指所伐國正義曰韋昭云牡剛也荆強按用牡荆指伐國取其剛爲稱故畫此旗指之而五利將

軍使不敢入海之泰山祠上使人微隨驗實無所見五利妄言見其師其方盡多不讎上乃誅五利正義曰漢武故事云東方朔言欒大無狀上發怒乃斬之其冬〻公孫卿候神河南見僊人跡緱氏城上有物若雉往來城上天子親幸緱氏城視跡問卿得毋效文成五利乎卿曰僊者非有求人主人主求之其道非少寬假神不來言神事事如迂誕正義曰迂音于誕音但迂遠也誕大也積以歲乃可致於是郡國各除道繕治宮觀名山神祠所以望幸矣其年既滅南越上有嬖臣李延年以好音見上善之下公卿議曰民閒祠尚

有鼓舞之樂今郊祠而無樂豈稱乎公卿曰古者祀天地皆有樂而神祇可得而禮或曰泰帝使素女索隱曰亦謂太昊○正義曰泰帝謂太昊伏羲氏鼓五十弦瑟悲帝禁不止故破其瑟爲二十五弦於是塞南越禱祠泰一后土始用樂舞益召歌兒作二十五弦徐廣曰瑟也及箜篌瑟自此起徐廣曰應劭云武帝令樂人侯調始造箜篌其來年冬〻上議曰古者先振兵澤旅徐廣曰古釋字作澤然後封禪乃遂北巡朔方勒兵十餘萬還祭黄帝冢橋山澤兵須如李奇曰地名也上曰吾聞黄帝不死今有冢何也或對曰黄帝已僊上天群臣葬其衣冠既

至甘泉爲且（正義曰爲于僞反將僞封禪也）用事泰山（正義曰道書福地記云泰山高四千九百丈二尺周迴二千里）先類祠泰一自得寶鼎上與公卿諸生議封禪（正義曰白虎通云王者易姓而起天下太平功成封禪以告太平禪梁父之趾廣厚也刻石紀號著已之功績天以高爲尊地以厚爲德故增泰山之高以放天禪梁甫之趾以報地封者附廣之禪者將以功相傳授之）封禪用希曠絶莫知其儀禮而羣儒采封禪尚書周官王制之望祀射牛事（蘇林曰當祭朝射其牲以除不祥瓚曰射牛示親殺也○索隱曰天子射牛示親殺也事見國語）齊人丁公年九十餘曰封者合不死之名也秦皇帝不得上封陛下必欲上稍上即無風雨遂上封矣上於是乃令諸儒習射牛草封禪儀（索隱曰見應劭漢官儀也）數年至且

行天子既聞公孫卿及方士之言黃帝以上封禪皆致怪物與神通欲放黃帝以嘗接神僊人蓬萊士高世比德於九皇（張晏曰三皇之前有人皇九首韋昭曰上古人皇者九人也）而頗采儒術以文之羣儒既以不能辯明封禪事又牽拘於詩書古文而不敢騁上爲封祠器示羣儒羣儒或曰不與古同徐偃又曰太常諸生行禮不如魯善周霸屬圖封事（服虔曰屬會也會諸儒圖封事）於是上絀偃霸盡罷諸儒弗用三月遂東幸緱氏禮登中嶽（文穎曰崧高山也在潁川陽城縣）太室（韋昭曰崧高山有太室少室之山山有石室故以名之）從官在山下聞若有言萬歲云

正義曰漢儀注云有稱萬歲可十萬人聲問上上不言問下下不言於是以三百戶封太室奉祠命曰崇高邑正義曰顏師古云以崇奉嵩高山故謂之崇高也東上泰山山之草木葉未生乃令人上石立之泰山顛上遂東巡海上行禮祠八神文穎曰武帝登泰山祭太一并祭名山於泰壇西南開除八通鬼道故言八神也一曰八方之神○索隱曰韋昭云八神謂天地陰陽日月星辰主四時之屬今按郊祀志一曰天主祠天齊二曰地主祠太山梁父三曰兵主祠蚩尤四曰陰主祠三山五曰陽主祠之罘六曰月主祠之萊山七曰日主祠盛山八曰四時主祠琅邪齊人之上疏言神怪奇方者以萬數然無驗者乃益發船令言海中神山者數千人求蓬萊神人公孫卿持節常先行候名山至東萊言夜見一人長數丈

就之則不見見其跡甚大類禽獸云羣臣有言見一老父牽狗言吾欲見巨公已忽漢書音義曰巨公謂武帝不見上既見大跡未信及羣臣有言老父則大以爲僊人也宿留海上與方士傳車及間使求僊人以千數四月還至奉高上念諸儒及方士言封禪人人殊不經難施行天子至梁父禮祠地主乙卯令侍中儒者皮弁薦紳射牛行事封泰山下東方如郊祠泰一之禮封廣丈二尺高九尺其下則有玉牒書書祕禮畢天子獨與侍中奉車子侯上漢書百官表曰奉車都尉掌乘輿車武帝初置韋昭曰子侯霍去病之子也

泰山亦有封其事皆禁明日下陰道丙辰禪泰山下阯東北肅然山如祭后土禮天子皆親拜見衣上黃而盡用樂焉江淮閒一茅三脊孟康曰所謂靈茅也為神藉五色土益雜封縱遠方奇獸蜚禽及白雉諸物頗以加祠兕旄牛犀象之屬弗用皆至泰山然後去封禪祠其夜若有光晝有白雲起封中天子從封禪還坐明堂漢書音義曰天子初封泰山山東北阯古時有明堂處則此所坐者明年秋乃作明堂羣臣更上壽於是制詔御史朕以眇眇之身承至尊兢兢焉懼弗任維德菲薄不明于禮樂脩祀泰一若有象景光屑如

有望瓚曰聞呼萬歲者三依依震於怪物欲止不敢遂登封泰山至於梁父而后禪肅然服虔曰肅然山名在梁父自新嘉與士大夫更始賜民百戶牛一酒十石加年八十孤寡布帛二匹復博奉高蛇丘鄭玄曰蛇音移歷城毋出今年租稅其赦天下如乙卯赦令行所過毋有復作事在二年前皆勿聽治又下詔曰古者天子五載一巡狩用事泰山諸侯有朝宿地其令諸侯各治邸泰山下正義曰諸侯各於太山朝宿地起第准擬天子用事太山而居止天子既已封禪泰山無風雨菑而方士更言蓬萊諸神山若將可得於是上欣然庶幾

遇之乃復東至海上望冀遇蓬萊焉奉車子侯
暴病一日死上乃遂去並海上北至碣石巡自
遼西歷北邊至九原五月返至甘泉漢書音義曰周萬八千里
也有司言寶鼎出為元鼎以今年為元封元年
其秋有星茀于東井韋昭曰秦分野也後衞太子兵亂○茀音佩後十餘
日有星茀于三能韋昭曰三能三公後連坐誅之望氣王朔言候
獨見其星出如瓠索隱曰郊祀志塡星出如瓠故顏師古以德星即鎮星今按此紀唯上言
德星則德星歲星也歲星所在有福故曰德星食頃復入焉有司言曰陛下
建漢家封禪天其報德星云其來年冬郊雍五
帝還拜祝祠泰一贊饗曰德星昭衍厥維休祥壽星

仍出索隱曰壽星南極老人星也見則天下理安故言之也淵耀光明信星昭
見索隱曰信星鎮星也信屬土土曰鎮星漢志為得之皇帝敬拜泰徐廣曰一無此字況
之饗其春公孫卿言見神人東萊山若云見天
子天子於是幸緱氏城拜卿為中大夫遂至東
萊宿留之索隱曰音秀溜宿留遲待之意若依字讀則言宿而留亦是有所待並通也數日
毋所見見大人跡復遣方士求神怪采芝藥以
千數是歲旱於是天子既出毋名乃禱萬里沙
應劭曰萬里沙神祠也在東萊曲城子孟康曰沙徑三百餘里過祠泰山鄧展曰泰山自東復有小泰山
瓚曰即今之泰山還至瓠子服虔曰瓠子隄名蘇林曰在甄城以南濮陽以北廣百步深五丈所瓚曰所決
河名○索隱註同自臨塞決河索隱曰按河渠書武帝自臨塞決河將軍已下皆負薪塡之留

二日沈祠而去索隱曰按沈白馬祭河決於是作瓠子歌見河渠書使二卿將卒
塞決河河徙二渠復禹之故跡焉是時既滅南
越越人勇之韋昭曰越地人名也乃言越人俗信鬼而其祠
皆見鬼數有效昔東甌王敬鬼壽至百六十歲
後世謾怠故衰耗乃令越巫立越祝祠安臺無
壇亦祠天神上帝百鬼而以雞卜漢書音義曰持雞骨卜如鼠卜○正
義曰雞卜法用雞一狗一生祝願訖即殺雞狗煑熟又祭獨取雞兩眼骨上自有孔裂似人物形則吉不足則凶今嶺南
猶行此法也上信之越祠雞卜始用焉公孫卿曰僊人
可見而上往常遽以故不見今陛下可為觀如
緱氏城韋昭曰如猶比也置脯棗神人宜可致且僊人好

樓居於是上令長安則作蜚廉桂觀應劭曰飛廉神禽能致風
氣晉灼曰身如鹿頭如雀有角而蛇尾文如豹文也甘泉則作益延壽觀使卿
持節設具而候神人乃作通天臺徐廣曰在甘泉○索隱曰漢書
作通天臺於甘泉宮按漢書舊儀臺高五十丈去長安二百里望見長安城置祠具其下將
招來神僊之屬於是甘泉更置前殿始廣諸宮
室索隱曰姚氏按揚雄云甘泉本因秦離宮既奢泰武帝復增通天高光迎風宮外近則有洪厓旁皇儲胥弩阹遠則
石關封巒枝鵲露寒棠棃師得游觀屈奇瑰偉又有高華温德法相曾成宮白虎走狗天梯瑶臺仙人努思觀皆壯麗也
夏有芝生殿防內中徐廣曰元封二年也○索隱曰按生芝九莖作芝房歌天
子為塞河興通天臺若有光云李奇曰為此作事而有光應瓚曰作
通天臺也乃下詔曰甘泉防生芝九莖應劭曰芝芝草也其葉相連如淳曰

赦天下毋有復作（瑞應圖云王者敬事耆老不失舊故則芝草生）其明年伐朝鮮夏旱公孫卿曰黃帝時封則天旱乾封（正義曰乾音干蘇林云天旱欲使封土乾燥也顔師古云三歲不雨暴所封之土令乾鄭氏云但祭不立尸爲乾封）三年上乃下詔曰天旱意乾封乎（蘇林曰天旱欲使封土乾燥如淳曰但祭不立尸爲乾封）其令天下尊祠靈星焉（正義曰靈星即龍星也張晏云龍星左角曰天田則農祥也見而祭之）其明年上郊雍通回中道巡之（徐廣曰在扶風汧縣）春至鳴澤（服虔曰鳴澤澤名也在涿郡遒縣北界）從西河歸其明年冬上巡南郡（徐廣曰元封五年）至江陵而東登禮潛之天柱山號曰南嶽（應劭曰潛縣屬廬江南嶽霍山也文穎曰天柱山在潛縣南有祠）浮江自尋陽出樅陽（地理志廬江有樅陽縣）過彭蠡祀其名山川

北至琅邪並海上四月中至奉高脩封焉初天子封泰山泰山東北阯古時有明堂處處險不敞上欲治明堂奉高旁未曉其制度濟南人公玉帶上黃帝時明堂圖（索隱曰玉或音肅公玉姓帶名姚氏案風俗通齊湣王臣有公玉冉其後也音語録反三輔決録云杜陵有玉氏音肅說文以爲從玉音畜牧之畜今讀公玉與決録音同然二姓單複有異單姓者音肅後漢司徒玉況是其後也）明堂圖中有一殿四面無壁以茅蓋通水圜宮垣爲複道上有樓從西南入命曰昆侖（索隱曰玉帶明堂圖中爲複道有樓從西南入名其道曰昆侖言其似昆侖山之五城十二樓故名之也）天子從之入以拜祠上帝焉於是上令奉高作明堂汶上（徐廣曰在元封二年秋）如帶圖及五年脩封

則祠泰一五帝於明堂上坐令高皇帝祠坐對之祠后土於下房以二十太牢天子從崑崙道入始拜明堂如郊禮禮畢燎堂下而上又上泰山有秘祠其顛而泰山下祠五帝各如其方黄帝并赤帝而有司侍祠焉泰山上舉火下悉應之其後二歲十一月甲子朔旦冬至推歷者以本統天子親至泰山以十一月甲子朔旦冬至日祠上帝明堂徐廣曰常五年一脩耳今適二年故但祀明堂毋脩封禪其贊饗曰天增授皇帝泰元神筴索隱曰按贊饗之辭言天授皇帝泰元神筴周而復始又按黄帝得寶鼎神筴則太元者古昔上皇創曆之號故此云太元神筴者周而復始也周而復

始皇帝敬拜泰一東至海上考入海及方士求神者莫驗然益遣冀遇之十一月乙酉徐廣曰二十二日也栢梁烖十二月甲午朔上親禪高里伏儼曰山名在泰山下祠后土臨渤海將以望祠蓬萊之屬冀至殊庭焉漢書音義曰蓬萊庭○索隱曰冀漢書作幾幾近也冀望也並通服虔曰蓬萊中仙人殊庭者異也言入仙人異域也上還以栢梁烖故朝受計甘泉正義曰顧胤云栢梁被燒故受記獻之物於甘泉也顏師古云受郡國計簿也公孫卿曰黄帝就青靈臺十二日燒徐廣曰日一作月黄帝乃治明庭明庭甘泉也方士多言古帝王有都甘泉者其後天子又朝諸侯甘泉甘泉作諸侯邸勇之乃曰越俗有火烖

復起屋必以大用勝服之於是作建章宮正義曰括地志曰建章宮在雍州長安縣西二十里長安故城西度為千門萬戶前殿度高未央其東則鳳闕高二十餘丈索隱曰三輔黃圖云武帝營建章起鳳闕高二十五丈關中記一名別風闕以言別四方之風西京賦曰閶闔之內別風嶕嶢是也三輔故事云北有圜闕高二十丈上有銅鳳凰故曰鳳闕也其西則唐中數十里虎圈索隱曰如淳云詩云中唐有甓鄭玄曰唐堂庭也爾雅以廟中路謂之唐西京賦曰前開唐中弥望曠象也○正義曰圈其遠反括地志云虎圈今在長安城中西偏也其北治大池漸臺正義曰顏師古云漸浸也臺在池中為水所浸故曰漸按王莽死此臺也高二十餘丈名曰泰液正義曰臣瓚云泰液言象陰陽津液以作池也池中有蓬萊方丈瀛洲壺梁象海中神山龜魚之屬索隱曰三輔故事云殿北海池北岸有石魚長二丈廣五尺西岸有石龜二枚各長六尺其

南有玉堂璧門大鳥之屬索隱曰漢武故事玉堂基與未央前殿等去地十二丈乃立神明臺索隱曰漢宮闕疏云臺高五十丈上有九室常置九天道士百人井幹樓度五十餘丈輦道相屬焉索隱曰關中記宮北有井幹臺高五十丈積木為樓言築累萬木轉相交架如井幹司馬彪註莊子云井幹井欄也又崔譔云井以四邊為幹猶築牆之有楨幹又諸本多作幹一本作幹音說文云幹井橋夏漢改曆以正月為歲首而色上黃官名徐廣曰一無名字更印章以五字張晏曰漢據土德土數五故用五為印文也若丞相曰丞相之印章諸卿及守相印文不足五字者以之足也因為太初元年是歲西伐大宛蝗大起丁夫人韋昭曰丁姓夫人名也雒陽虞初等以方祠詛匈奴大宛焉其明年有司言雍五畤無牢熟具芬芳不備乃命祠官進畤犢

牢具五色食所勝 孟康曰若火勝金則祠赤帝以白牲 而以木耦馬代
駒焉 索隱曰一音偶孟康云寓寄龍形於木又姚氏云寓假也以言假木龍馬一駟非寄寓龍馬形於木也
獨五帝用駒行親郊用駒及諸名山川用駒者
悉以木耦馬代行過乃用駒他禮如故其明年
東巡海上考神僊之屬未有驗者方士有言黃
帝時為五城十二樓 應劭曰崑崙縣圃五城十二樓僊人之所常居也 以候
神人於執期 漢書音義曰執期地名也 命曰迎年 正義曰顏師古云迎年若言祈年
上許作之如方明年上親禮祠上帝衣上黃焉
公玉帶曰黃帝時雖封泰山然風后封鉅 應劭曰封鉅黃帝師
岐伯 正義曰張揖云岐伯黃帝太醫 令黃帝封東泰山禪凡山合

符然後不死焉 徐廣曰在琅邪朱虛縣汶水所出凡山亦在朱虛 天子既令
設祠其至東泰山東泰山卑小不稱其聲乃令
祠官禮之而不封禪焉其後令帶奉祠候神物
夏遂還泰山脩五年之禮如前而加禪祠石閭
石閭者在泰山下阯南方方士多言此僊人之
閭也故上親禪焉其後五年復至泰山脩封 徐廣
曰天漢三年李陵以天漢二年敗也 還過祭常山今天子所興祠泰一
后土三年親郊祠建漢家封禪五年一脩封薄
忌泰一及三一冥羊馬行赤星五寬舒之祠官
李奇曰祀名也○索隱曰赤星即上靈星祠也靈星龍左角赤故曰赤星五者太一也三一也冥羊也馬行也赤星也凡

五𤣥令祠官寬舒領之以歲時致禮凡六祠索隱曰五者之外有正太一后土祠故云六也皆太祝領之至如八神諸神明年凡山他名祠行過則祀去則已方士所興祠各自主其人終則已祠官弗主他祠皆如其故今上封禪其後十二歲而還徧於五嶽四瀆矣而方士之候祠神人入海求蓬萊終無有驗而公孫卿之候神者猶以大人跡為解無其效天子益怠厭方士之怪迂語矣然終羈縻弗絕冀遇其真自此之後方士言祠神者彌衆然其效可睹矣徐廣曰猶今人云其事已可知矣皆不信之耳又數本皆無可字

太史公曰余從巡祭天地諸神名山川而封禪焉入壽宮侍祠神語究觀方士祠官之言於是退而論次自古以來用事於鬼神者具見其表裏後有君子得以覽焉至若俎豆珪幣之詳獻酬之禮則有司存焉

索隱述贊曰

孝武纂極　四海承平　志尚奢麗
尤敬神明　壇開八道　接通五城
朝親五利　夕拜文成　祭非祀典
巡乖卜征　登嵩勒岱　望景傳聲

迎年祀日　改曆定正　疲耗中土
事彼邊兵　日不暇給　人無聊生
俯觀嬴政　幾欲齊衡

史陸阡伍伯肆拾貳字
註陸阡玖伯捌拾壹字

孝武本紀第十二　史記十二